U0119150

# 你所煩惱的事，有九成都不會發生

不自尋不必要的煩惱，學會減縮、放手、遺忘

心配事の9割は起こらない：減らす、手放す、忘れる「禅の教え」

曹洞宗德雄山建功寺住持

枡野俊明 著

Shunmyo Masuno

# 前言

**不自尋不必要的煩惱，**
**不受他人價值觀的影響，**
**捨棄累贅，**
**享受極致的簡單自在生活。**

這就是我想透過本書表達的事。

或許因為禪僧的職業關係，經常有人找我聊天談心。聊天的內容千差萬別，但可以大致歸類為不安、煩惱和猶豫……這幾大類。

仔細傾聽他們的傾訴，我發現他們所說的內容幾乎都是「妄想」、「偏見」、「誤會」和「杞人憂天」，可以說，幾乎都是不具有任何「實體」的煩惱、不安和猶豫。

「你不是當事人，所以才能夠說得那麼輕鬆！」

「在現實生活中，那些事真的讓我煩惱得茶不思，飯不想！」

也許有人會這麼指責我。

但很多事，有可能是「以為見幽靈，原是枯芒草」。這句話的意思是，原本以為看到了幽靈而害怕不已，走近一看，原來只是枯萎的芒草穗，但心裡的疙瘩，讓自己沮喪消沉的事往往也是如此。事實上，我們在現實生活中，的確經常為一些從客觀的角度來看，根本「無足輕重」的事煩惱。

本書之所以取《你所煩惱的事，有九成都不會發生》這個書名，就是希望各位讀者能夠瞭解這件事。

不知道你是否也曾經有過以下的經驗：當你為某件事陷入不安和煩惱，心情越來越沉重，卻因為某個不經意的舉動，或是偶然看到了某句話，因為某個契機，頓時覺得「原來根本不重要」，心情豁然開朗。

「禪宗思想」中，蘊藏了無數讓人心情豁然開朗的契機。

不知各位對「禪」是怎樣的印象？也許覺得「禪」很艱澀費解，是一個高深莫測的世界，事實上，日文中也用「禪問答」來形容不著邊際、不知所云的談話，但其實這是極大的誤解。

禪宗思想就在你我的生活周遭，和日常生活有密切關係。

比方說，進屋之前，把脫下的鞋子放整齊。這也是在日常生活中實踐禪宗思想，禪語中的「照顧腳下」，也就是腳下留神，正是在說這件事。

禪語「吃飯喝茶」，告訴我們不必胡思亂想，自尋煩惱，喝茶時專心喝茶，吃飯的時候只想吃飯的事。

雖然乍看之下，覺得這些道理「理所當然」，但認真、仔細地實現這些「理所當然」的事，將精力集中在「當下」、「眼前」，就可以消除不必要的煩惱和不安，讓心情更輕鬆。

不要再杞人憂天，只將精力集中在「當下」和「眼前」。重點就在於減縮、放手和遺忘，於是，你將會遇見一個積極開朗、自由自在的全新自我。

合掌

枡野俊明

目錄



chapter 1

## 學會減縮、放手和遺忘

禪思想教你遠離不安和煩惱的方法

chapter 2

# 只專注於「當下」力所能及的事

## 就不會「胡思亂想」瞎操心了

chapter 3

## 遠離「競爭」，人生從此順利

### 學會「別人是別人，我是我」的思考方式

交給年輕人——一定有需要你的時候 111
坦然接受任何境遇——順境很棒，逆境也很好 115
今日事，今日畢——自在人生的奧義 119
不輕易逃避——即使失敗，也不會有生命危險 124
學會「寬容」——你走你的路，我過我的橋 127
順應「潮流」——可以「孤獨」，但萬萬不可「孤立」 132
不必追求伶牙俐齒——學會有誠意的「沉默」 135
調整呼吸——「禪呼吸法」可以消除心浮氣躁、垂頭喪氣 140
改變家裡的「空氣」——從起床那一刻開始 144

chapter 4

# 建立自在人際關係的訣竅

## 締結良緣、斬斷孽緣的方法

chapter 5

# 改變「煩惱方式」，人生更順遂

關於錢、老、病、死……

chapter

1

# 學會減縮、放手和遺忘

禪思想教你遠離不安和煩惱的方法

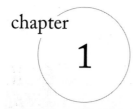

# 拒絕「妄想」◆

## 禪思想教你「不比較的生活」

有一句禪語叫做**「莫妄想」**。

這句話的意思就是希望大家「不要陷入妄想」。

說到妄想，大家或許會以為是胡思亂想一些荒誕、根本不存在的事。

但是，禪所認為的妄想具有更深、更廣的意義。

**所有束縛心靈，在心頭揮之不去的事，都是「妄想」。**

chapter

1

「我想要那個」的自私欲望，「我不想失去那個」的執著都是妄想。

羨慕他人的心情，覺得自己很糟糕的想法，也都是妄想。

人生在世，當然無法斬斷束縛心靈的所有妄想，也不可能過著和所有妄想無緣的生活，那是佛陀的境界。只要是人，就必定會有妄想，那是無可奈何的事實。

但是，**重要的是，我們要盡可能減少「妄想」**。這是任何人都有能力做到的事，為此，就必須驗明妄想的「正身」。

孫子兵法中有句名言，叫做「知己知彼，百戰不殆」。如果不瞭解別人，就不知道如何面對敵人，也無從研擬對策。

製造妄想的根源是什麼？

妄想的根本原因是，**用「對立的」方式思考問題**。

比方說，通常會按照「生與死」、「勝與敗」、「美與醜」、「貧與富」、

「損與得」、「喜歡與討厭」的方式加以分類。

認為「死」和「生」對立，將兩者相較之後，認為生更尊貴，死很虛幻。

「他運氣真好，我為什麼老是這麼倒楣。」

「為什麼我老是吃虧，她總是佔便宜？」

無論面對任何事，都用這種方式思考。羨慕他人，為自己嘆息的想法不斷在內心抬頭，揮之不去。

這不正是被妄想束縛，受到周圍的影響而失去自我嗎？

但是，請各位思考一下。

「比較」到底有什麼意義？

禪語說，**「悟無好惡」**。

這句禪語用於人際關係中，就是說，無論別人怎麼樣，接受別人原來的樣子，不受喜歡或討厭（和自己比較，對方比自己出色或是不如自己……）的感情影響。

日本曹洞宗的始祖也曾經說過**「他不是吾」**。

這句話的意思是，別人做的事終究是別人做的，無法成為我做的事。別人再怎麼努力也是別人的事，無法讓自己得到進步。想要進步，就只能靠自己努力。

**禪告訴我們，無論任何事物、任何人，都是無法和其他事、其他人進行比較的「絕對」存在。**

你是如此，別人亦是如此。

因為**「無法比較」**。正因為人類經常針對無法比較的東西進行比較，才會受不必要的事情、不必要的東西所困，才會增加不安、煩惱和擔心。

一旦停止比較，就可以消除九成的妄想，心情也會更輕鬆，人生也就更輕鬆自在。

**「莫妄想」——請隨時隨地想起這句話，**這句話是對你的聲援——「不要和他人比較，相信絕對的自己，邁向自己的人生！」

chapter

1

# 專注於「當下」◆

## 這才是「好好愛自己」

有些人回想起往事，忍不住心情沮喪、垂頭喪氣。

這種人顯然被過去所困，被過去束縛。

禪語說，**「活在一息」**。

這句話的意思是，我們活在呼吸的瞬間，認真、努力，好好活在這個瞬間。

這句話和佛教中的**「活在三世」**是相同的意思。

三世是指「過去」、「現在」和「未來」，人活在這三世的關係之中。活在現在時，過去已死，現在也很快就成為過去，未來即將出現，成為現在。這句話告訴我們，生命就是從誕生這一刻開始，逐漸走向死亡，死亡之後又再度誕生，不斷重複這種「生死」的過程。

換句話說，回想已經死去的過去根本無濟於事；未來的事還沒有發生，只能當「未來」出現在面前時再來思考。

也就是說，**我們只能決定如何活在「當下」**。

但是，人類「難以忘記過去，經常為未來感到擔憂」，所以才令人傷透腦筋。

有一句川柳[1]是這麼寫的——

「雖為一破碗　當年曾是櫻花樹　綻放吉野山」

雖然現在變成了看起來很寒酸的破碗，但遙想當年，也曾經是吉野山上一棵鮮花滿枝頭，讓無數人驚嘆：「哇，太美了！」的櫻花樹。

這就是仍然活在過去的美好、榮譽之中，成為現在的「寄託」。

不光是這棵「吉野櫻」，很多人都會三不五時提到「想當年」的豐功偉績。

「我以前曾經做過這樣那樣的大生意。」

「多虧有我，那個大案子才能夠成功。」

獲得良好的成果時，當然可以發自內心感到高興，沉醉在勝利的美酒中也無可厚非。

但是，不需要一直把已經成為過去式的成果掛在嘴上，不妨觀察一下周圍人的反應。

是否聽到別人在說「那個人又開始吹噓了，煩死了」？

滔滔不絕地一次又一次炫耀以前的光榮事蹟讓人倒胃口，吹噓的樣子也讓人目不忍睹。姑且不論周圍人的反應，難道不會為這樣的自己感到悲哀嗎？

---

❶日本詩歌形式，音節與俳句相同，內容不若俳句嚴格，較口語化。

**巴著過去不放，只能證明對自己目前的生活方式缺乏自信，**於是，內心就會產生不安、煩惱和擔心。

更進一步而言，吹噓往事代表看不起目前的自己。

必須牢記一件事，**我們決定自己如何活在「當下」**。

如果整天嘆息，「反正我只是一個破碗（閒職……）」，只會讓自己更加悲哀，即使是破碗，也可以用來裝一碗美味的味噌湯溫暖人心。

「好，那我就充分活在當下，活出破碗的價值！」

我認為，這才是活在一息的精髓。

chapter 1

# 放下煩惱不糾結◆

## 讓生活空間成為「調整心靈的地方」

你有沒有「心靈的寄託」？

以前，幾乎每個日本家庭中都有佛壇（或是佛龕）。每天都可以看到全家老小分別坐在佛壇前上香（不會為佛龕上香），合掌祭拜的景象。

小孩子看到父母和祖父母合掌（祭拜）的身影，也會跟著有樣學樣，同時培養起對祖先的崇敬和尊敬之心。

可以說，這是日本的良好傳統、優良的習慣。以前在分家時，必定會在新家設置新的佛壇，迎請祖先，所以每個家庭都有佛壇，祖先也出現在各個家庭的日常生活中。

如今，到底有多少家庭家中有佛壇？如果在都市，恐怕只有極少數家庭會在家中設置佛壇。這種情況雖然和居住條件有關，但還有更重要的原因。

生活在都市的人大部分都是戰後年紀很輕時，就離鄉背井，來到都市生活。這些人通常認為祖先守護著故鄉的老家（本家），自己並沒有菩薩保佑。

同時，他們在還沒有充分向父母學習對待祖先的態度之前，就已經前往東京發展，所以覺得生活中沒有佛壇也是很正常的事。良好的傳統就這樣慢慢消失。

我向來認為，現代人「對未來沒有希望」，在某種程度上和這件事有關。

**「祭拜祖先」**的行為並不只是基於禮儀的儀式而已，而是向祖先表達藉由代代傳承，自己能夠來到人世這件事充滿感謝，對自己能夠有今天表達感謝。這個世界上沒有任何人沒有祖先。

在即將展開一天生活的早晨，對著祖先合掌。

「謝謝祖先，讓我能夠充滿活力地迎接一天的開始。」

晚上睡覺之前，對著祖先合掌。

「謝謝祖先，讓我平安順利地度過一天。」

除了向祖先表達感謝，有時候也會向祖先傾訴。

在日常生活中，我們會遇到各式各樣的事，其中當然也包括了工作上的失誤、人際關係的煩惱等令人難過、沮喪的事。

遇到這些事，不妨坦率地和祖先分享。**奇妙的是，我們往往可以在祖先面前表現出真實的自己。**

雖然祖先無法回答，**但是，充分吐露內心的想法之後，心情就會平靜、安心，擺脫「看不到未來」的感覺，有力氣再度向前看。**

也許可以說，對著祖先傾訴是為了「調整心靈」。不再對著祖先合掌，等於失去了調整心靈的機會。

當然，要在家中設置佛壇並不是一件簡單的事，但並不一定要拘泥佛壇。可以把祖先的照片，或是和家族有淵源的寺院、神社的護身符放在家中某個地方，隨時合掌祭拜。心情不好時，感到前途茫茫時，就靜靜地坐在那裡合掌，把內心的想法一吐為快。於是，必定可以感覺到心靈得到淨化，再度有了積極向前的勇氣。

在生活空間中，只要有一小塊這樣的地方，就可以讓人的心情變得完全不一樣，從此不再被痛苦所困，不會再抱著煩惱不放。

這種空間稱為「心靈的寄託」，請各位務必在生活中加以實踐。

chapter

1

# 減縮生活物品◆身心都會隨之變輕鬆

一旦屬於自己的東西，往往很難放手……。每個人都會有這種感覺，只是程度有輕重的不同。事實上，這件事也成為煩惱的來源。

經常聽到有人說：「我家變得越來越小……，不知道為什麼，家裡的東西越來越多。」

剛搬進新家時，一切都井然有序，家裡有充足的快意生活空間，漸漸地，家裡的東西越堆越多，變成一個和舒適完全無緣的空間。

這種情況當然會令人沮喪。不談住在「垃圾屋」的人，相信每個人都或多或少有類似的經驗。

造成這種情況的原因一清二楚。

那就是**「無法放手」**、**「捨棄不了」**。

有一句禪語叫**「喜捨」**。

這句話的意思是，「毫不惋惜地欣然捨棄」之意，通常用來形容去寺廟和神社投賽錢[2]這件事。

為什麼樂於捨棄辛辛苦苦賺來的錢？

因為**「捨棄一件事，就代表擺脫了一份執著」**。

執著最容易讓人心情鬱悶，所以捨棄是值得高興的行為。

物品也一樣。

不妨觀察一下自己周遭的物品，衣櫃裡是否有幾件好幾年都沒穿過的衣服？是否有用了一、兩次之後，就一直丟在櫃子裡佔空間的皮包？還有各式各樣的小配件？

「以後可能有機會穿（用）……」

這正是把「囤積」正當化最典型的藉口。但是，既然連續三年都沒有穿過一次的衣服，之後還有機會再穿嗎？五年都沒有用過一次的皮包，真的還會再用嗎？答案當然毫無例外，都是「NO」。

既然如此，不如下定決心，乾脆捨棄，但捨棄的時候，又會在內心和「不浪費精神」拉扯，陷入天人交戰。

珍惜物品，覺得隨便丟棄東西太浪費的想法非常正確，問題在於捨棄的方法。

如果有朋友可以穿（可以用），不妨送給朋友，或捐贈給專門將衣服等送

❷即香油錢。

去物資不足地區的公益團體，去跳蚤市場擺攤賣掉也是一種方法。

**這種有意義的「捨棄方式」，既不會違背「不浪費精神」，更是一種喜捨。**

該捨棄的物品就捨棄，讓空間變得更寬敞的房間住起來更舒適，日常生活的心情也會更愉快，當然對**身心都可以帶來正面影響**。

但是，有些東西不管是否使用，都必須留下來，不可以丟棄。像是祖父母或是父母留下的「紀念品」，或是自己為了紀念某件事而買的物品、為家人買的物品都必須好好保管。

判斷基準的拿捏最難。

我認為關鍵在於「情感」。

**拿在手上時，腦海中湧現很多回憶，內心感到溫暖，可以感受到送禮者的心意而高興不已，讓人感到安慰，讓人精神振奮……**

這和價格的高低無關，無論再陳舊，即使已經不堪使用，仍然需要好好珍藏。因為**這些物品已經不只是物品，而是陪伴了你的人生**。可以準備一個漂亮的盒子，好好收藏起來。

有一句禪語叫做**「把手共行」**。

這句話的意思是，和發自內心信賴的人（或是原本的自己＝佛）牽手共度人生，隨時能夠喚起「回憶」的物品，也足以勝任這樣的角色。

## 「做自己」◆

### 不必將精力耗費在「無能為力的事」上

無論做任何事都全力以赴，這是令人激賞的生活方式。

但如果將此作為「人生的座右銘」，似乎必須瞭解一件事。

那就是——**人生中的有些事，我們無能為力**。

追求全力以赴的人生，即使遇到無能為力的事，是否仍然想要勇敢挑戰，

無論如何都想要完成不可能的任務，而且認為自己必須這麼做？

但是，無能為力的事，終究還是無能為力。即使全力以赴，即使全心全意，仍然無法改變這個事實。正因為想要挑戰不可能的任務，所以才會痛苦、疲累。

我們對於生命本身，也有很多無能為力的事。

比方說，自己可以控制心跳嗎？心臟會自行跳動，自己根本無能為力。由此可見，**我們甚至對自己的生命也無能為力，生命是由無數我們無能為力的事構成的**。

這就是佛教認為，我們並不是靠自己的力量活在世上，而是因為有超越自己的偉大力量（大宇宙的真理和佛性等……），我們才能夠活在世上的原因。

當你發現我們對成為我們人生「原點」的生命，也充滿了無能為力時，就會瞭解即使世界上有很多我們無能為力的事，也是很正常的事，就知道自己不需要挑戰不可能的任務。

沒錯，**面對無能為力的事，就坦然接受自己無能為力這個事實**。

無論日常生活中再怎麼注重健康，仍然會生病、會受傷。

生病時，懊惱不已，「我已經這麼注重養生，竟然還會生病。可見我還不夠注意自己的健康！」這種懊惱有辦法改變生病這個事實嗎？當然絕對不可能，不僅不可能，而且自責、嘆息會讓自己越來越消極。

生病的日文漢字是「病氣」，也就是「氣（心情）」「生病」了，心情沮喪時，也會對症狀有不良影響。

受傷時，身體的某個部分可能無法像平時一樣自由活動。

這時候，即使詛咒自己的身體「唉，這下子無法像以前那樣行動自如了……為什麼我會這麼倒楣？」身體功能也不可能恢復，只會讓自己整天鬱鬱寡歡而已。

既然無能為力，只能接受現實，面對現實。**不管是不是驚慌失措，只能接受現實**。

**既然這樣，何不「乾脆」接受呢？**

**「實在的樣子、真實的樣子」——這才是原汁原味、真正的自己。**任何人只能面對真正的自己。

一旦接受有些事，自己的確無能為力，就能夠和這樣的狀況「共處」，瞭解實在的自己、真實的自己到底能做什麼。不再拘泥於無能為力的事，而是用積極正面的心態投入「有能為力」的事。

除了健康以外，很多問題、很多場面都有許許多多無能為力的事。

**不要把精力耗費在「無能為力」的事上，而是要投入「有能為力」的事。**

## 摘下「有色眼鏡」◆

### 簡單的動作，就可以消除九成人際關係的煩惱

生活周遭的人際關係很複雜。

可以說，**內心的不安、煩惱和擔心幾乎都來自人際關係**。同事之間、鄰里關係、同學、朋友、家人、兄弟姊妹和親戚……每個人都生活在錯綜複雜的人際關係中，有時候這些人際關係會發生不和諧，這種鬱悶就會壓在心頭，導致不安、煩惱和擔心。

「我和那個上司合不來，看來無論我再怎麼努力，未來也……。」
「那個人雖然裝好人，但好像不可靠。」
「鄰居太太好像刻意避開我……」

人一旦陷入負面思考，往往很難自己擺脫。非但無法擺脫，負面感情往往會越來越嚴重。

感覺合不來的上司漸漸變成根本無法相處的上司；原本覺得不太可靠的那傢伙好像人格也有問題；原本只是避開自己的鄰居太太，現在把自己當成了眼中釘……情況「越來越糟」。

但是，**追究造成這些人際關係不和諧的根本原因，會發現往往源自「芝麻小事」**。可能是開會時，和上司意見對立，朋友忘了和自己約定的事，或是自己向對方打招呼，對方不理不睬……

這些都是無足輕重的小事，對方某方面的表現，造成了你當時的感情和情緒。

但是，一旦戴上了**「有色眼鏡」**，就會產生成見。成見明明毫無根據，卻會根深柢固地深植內心，這正是成見的可怕之處。

比方說，不知道各位是否曾經有過這樣的經驗。

在工作上將和一位新的合作對象見面，聽到了其他人對對方的評價。

「那個人是出了名的難搞，你們明天要見面嗎？這下傷腦筋了，不過沒問題啦，一定可以搞定啦。」

完了。你內心已經認定對方是一個難搞的人，不難想像實際見面時的情況。即使對方不健談，看起來有點神經質，但是一個心胸寬大的人，你也無法看清他的「真面目」，會受到成見的影響，小心翼翼、戰戰兢兢，最後真的把對方惹火了。

有一句禪語叫做**「脫下有色眼鏡」**，強烈勸戒世人不要用成見判斷他人。

**只憑「道聽塗說」，或是只看到對方的某一面而產生的厭惡、否定的想法，來決定對方的整體為人，必定會看走眼。**

首先，要主動摘下有色眼鏡。

然後，牢記以下這句禪語：

**「一切眾生，悉有佛性。」**

這句話的意思是，所有的事物都具備了佛性這種美好的心。

「自己接觸到的只是對方的某一面，下次要努力從對方身上發現『佛性』。」

要相信禪語所說，任何人都有佛性（溫柔體貼、善解人意、溫暖和包容……），努力發掘，必定可以在對方的身上發現共鳴點。

**摘下有色眼鏡，用透徹的雙眼觀察，就不會錯過對方在不經意之中展現的佛性（真實的樣子）。**

一旦發現對方不同的面貌，就可以知道原本以為合不來的上司只是嚴格，但對自己充滿期待；原本以為不可信賴的朋友只是不拘小節，是個可愛的糊塗蟲；原本以為避開自己的鄰居太太只是個性低調很怕生，卻很善良，一切都會向好的方向發展。

**當對他人產生負面的感情，或是有負面評價時，真正的原因是因為自己戴了有色眼鏡。只要摘下有色眼鏡，就會有完全不同的看法。**

用這種態度觀察，就會發現對方身上的佛性越來越明顯，於是就會發現，在人際關係中感受到的煩瑣和麻煩，以及人際關係造成的不安、煩惱和擔心都消失不見了。

chapter

1

## 成為「灑脱的人」◆「地位」和「身分」都可以隨時交棒

對事物越「執著」，就越容易產生不必要的擔心。

比方說，任何人在社會上都有某種身分，在工作上有某種地位。扮演好自己的角色，完成自己的職責固然重要，但如果對這種身分和地位產生「執著」，就會有點傷腦筋。

以工作為例，有些人一旦升上課長或部長的職位，就開始產生執著，為了保住自己的官位而汲汲營營。

「我好不容易才當上部長，當然不可以隨便被人取代！」

各位在工作上，是否也遇到這種「守位派」的上司？這種人會影響組織發揮正常的功能，也會阻礙下屬的成長，更會影響組織內的溝通。

遇到執著於身分、地位的上司，下屬都會不屑一顧、敬而遠之，只有當事人沒有察覺這件事，變成一齣悲劇中帶著滑稽的職場大戲。

《書經》中有一句話叫做**「滿招損，謙受益」**。

傲慢自大會招致損失，謙虛使人受益。

這句話告訴我們，**不要對自己的身分、地位有任何執著，一旦時機成熟，灑脫讓賢很重要**。

在公司這個組織內，上司無法對直屬下屬行使人事權，不可能對下屬說：

「我差不多該退休了，這個位置就交給你了。」

但是，可以把之前由自己負責的客戶，談判的收尾工作交給下屬負責，由下屬主持企劃會議，由下屬輪流在朝會上激勵其他同事……，不是有很多讓賢的實際工作嗎？

讓出自己的職位，絕對不是讓下屬威脅自己的存在。

因為自己已經累積了在那個職位上處理工作的經驗，**可以運用這些經驗，從更大的格局、更高的視野，進行務實的指導，提出明確的建議。**

當下屬負責比之前更重要的新工作時，必定會猶豫、徬徨和煩惱，這種時候，最需要**瞭解工作訣竅的「過來人」的指導**，這樣才能提升下屬的能力，培養下屬的實力。

這種在下屬眼中值得信賴又可靠的上司，和「敬而遠之」的上司完全不同，當然也有助於活化組織。

**越是想要「守住」身分和地位，越容易產生不必要的擔心，導致內心失去**

安定。

不必執著，輕鬆交棒，造成心理壓力的擔心就會自然消失，就可以站得更高，看得更遠。

**「花知落時花才美，人知終時人才真。」**

這是細川伽羅奢❸留下的辭世詩。

知所進退，保持下台時的漂亮身段，這樣的人生不是更灑脫、更精采嗎？

❸原名細川玉子，一五六三年—一六〇〇年，其父明智光秀為發動本能寺之變背叛織田信長的戰國名將。

chapter 1

# 掌握「適度」◆人只能做自己力所能及的事

不知道各位對「いい加減（i-i-ka-gen）」這個詞彙有怎樣的印象？應該很少人對「いい加減」這個詞彙有好印象。

事實上，平時我們用這個字來形容一個人做事或是對待工作的態度時，通常都代表「不徹底」、「敷衍了事」的意思。

但是，請回想一下，其實這個詞彙還有另一種使用方法，用來形容料理的調味時，就代表「適度」、「適當」的意思，感覺就完全不同了。

因此，「いい加減」這個詞彙同時有正面和負面的意思，但我通常從正面理解這個詞彙的意思。

比方說，**瞭解自己在工作上的「實力」極其重要。**

但事實上，很多人並不瞭解。一旦接到工作的委託，完全不衡量自己的實力，來者不拒，照單全收。但是，**任何人都只能完成自己力所能及的事**，一旦工作超出自己的實力，就會力不從心，或是無法完成，給對方造成極大的困擾。同時，自己也會對「力不從心」感到焦慮和煩躁，因此陷入懊惱，怪自己不中用，因而造成很大的心理壓力。

**瞭解自己的「適度」、掌握「適度」**，是避免自己陷入這種情況的關鍵。

相信各位已經瞭解到，這裡的「適度」就是指自己的「實力」，瞭解自己的「適度」，也就是把握自己的實力。

**瞭解「適度」的人不僅能夠切實完成工作，在各方面都能夠腳踏實地，有助於建立信用，**不會有意無意地吹噓或是打腫臉充胖子，所以能夠贏得他人的信賴。

**不要輕易挑戰「實力不足的自己」，就不會擾亂自己的心情，失去自信，心情也能夠保持平靜。**

由此可見，瞭解「適度」，是邁向圓融人生的重要訣竅。

但是，再請各位思考一個問題。

那就是該如何面對自己的「適度」。

「不是只要不超過自己的『實力』範圍就好了嗎？」

的確沒錯，但我認為可以稍微靈活一點。也就是保留「成長空間」。

假設認為自己的實力只有「十」的時候，卻接到一項需要具備「十二」的實力才能完成的工作。

如果立刻判斷「這已經超過了我的『適度』，當然要拒絕」，似乎並不妥當。

因為，這種情況下的**自我「實力」和能力的「界限值」**並不相同。以目前的實力，完成這項工作或許有困難，但如果帶著挑戰心，卯足全力，就可以設法完成，這就是所謂的「界限值」。

當工作需要「十五」或「十八」的能力，如果只有「十」的實力，當然難以招架。

但是，我認為**以「十」的實力挑戰需要「十二」的能力才能勝任的工作，可以靠努力加以克服，很值得超越「適度」的範圍試試看**。不知各位意下如何？

一旦完成了需要「十二」的能力才能勝任的工作，就會成為自己的業績，也可以建立自信，沒錯，實力也因此得到提升，界限值當然也提升到更高的水準，下次可以再度挑戰更高的界限值。

**掌握「適度」很重要。**

chapter

1

**放眼超越「適度」範圍的「界限值」同樣重要。**

請各位牢記這件事。

# chapter 2

# 只專注於「當下」力所能及的事

就不會「胡思亂想」瞎操心了

## 重新檢視「理所當然」◆

### 發現當下、眼前的幸福

「人往往對理所當然的事缺乏感恩的心」。

這是我在演講時經常提到的一句話，最具代表性的應該就是對父母的態度。

父母在身邊是理所當然，全心全意照顧兒女是理所當然，在兒女背後默默支持、挺身保護兒女是理所當然……。是不是有很多人都這麼覺得？

只有等到父母辭世時，才會知道**這些「理所當然」的事有多麼難能可貴**。

「每次老家寄東西來，裡面都有我愛吃的故鄉美食，原來是我媽每次估計我吃得差不多了，就會寄包裹給我。」

「和親戚打交道原來這麼麻煩，我以前完全沒有發現這件事。原來是因為父親幫我張羅這些事，所以沒有造成我任何負擔。」

我們在不知不覺中，在很多有形無形的事上仰賴父母，完全不覺得「老是要父母幫忙，真的很不好意思」，而是覺得「理所當然」，這正是父母的偉大，也是父母的重要性。

**「該有的事物維持該有的樣子，出現在該有的地方。」**

這是在曹洞宗大本山永平寺擔任貫首[4]的宮崎奕保禪師所說的話，他在一百歲之後，仍然每天和年輕禪僧一起修行。

這正是「理所當然」的樣子。

[4] 意指宗派領袖、寺院住持。

宮崎禪師認為，這種理所當然的樣子就是禪的領悟，沒有比這更理所當然的事了。

**各位是否願意重新檢視一下生活周遭「理所當然」的事？**早晨起床後，早餐已經出現在餐桌上；去公司上班，自己的辦公桌還在那裡；心情不好時，只要打一聲招呼，就有朋友陪你喝酒、吃飯；雖然每天都只能看到孩子熟睡的臉龐，但孩子還是健康成長……

**在「此時」、「此地」的各種「理所當然」的事，支持了自己，療癒了自己、激勵了自己，為自己帶來了勇氣。**

希望各位都能夠體會到這件事，於是，心情就會發生很大的變化，對家人不再心浮氣躁，對工作不再馬虎，不再覺得朋友很煩……，「當下」、「這個剎那」就會變得很充實。

於是，就會意識到必須更加珍惜生活周遭很多「理所當然」的事，會對一

chapter

2

切心存感恩。心情整天被「無聊死了」、「真火大」、「唉，煩死人了」這些想法佔據，和隨時覺得「太感謝了」，這兩者的人生應該會有很大的不同。

## 不急、不躁◆

### 每天都要「停下腳步」

「至今為止的人生，我都持續向著目標前進。」

聽到成功人士分享這些經驗時，在覺得他們很了不起的同時，也許會自省，

「我的人生經常走走停停，果然是因為我太懶散了嗎？」

有些人在人生路上的確不停地向前奔跑，這樣的人生很充實，也很燦爛。

但是，並不是每個人都能夠做到。

走樓梯的時候，有人可以一口氣衝上去，也有人會在樓梯口停下腳步歇息。停下腳步喘息的人可以吸收新的動力，也可以藉此重新調整步伐，是不同於一口氣衝上樓梯的「美妙」。

有一句禪語叫做**「七走一坐」**。

「走」在日文中代表「跑」的意思，這句話的意思是，**當跑了七次之後，就要坐下來休息一下**。

持續向前奔跑的人生當然也不壞，但禪語告訴我們，停下腳步並非壞事，相反地，是一件很重要的事。

停下腳步時，可以重新檢視自我，回顧之前走過的路。這個世界上恐怕很少有人能夠拍著胸脯說：「我不需要回顧人生！我的人生完全沒有絲毫的猶豫！」

不必擔心「一旦停下腳步，會不會遲遲不願意跨出下一步？」不妨大膽停下腳步。

我認為**受到挫折、遭遇失敗時，停下腳步是一件重要的事**。挫折和失敗必定有「原因」，最重要的就是找出原因，為此就必須停下腳步，重新檢討受到挫折的自己，回顧失敗的自己。

如果不瞭解失敗的原因，不顧一切往前衝，把挫折和失敗留在原地，就會對日後造成影響。當走到很前面時，才發現挫折和失敗仍然留在原地，就必須再度回頭，也就是會一再發生相同的失敗。

松下幸之助先生曾經說過這樣一段話：

**「用真誠的態度認識失敗的原因，能夠敞開心胸認為『這是一次非常良好的經驗，是寶貴的教訓』的人，日後就可以獲得進步和成長。」**

日本首屈一指的經營之神認為，只有充分分析、明確失敗的原因，才能讓挫折和失敗成為良好的經驗，成為寶貴的教訓。這是「當下」必須做的事，所以，「停下腳步」就非常重要。

當然，除了失敗、挫折的時候以外，也可以根據自己的實際情況，認為需要休息一下的時候停下腳步。

有一句話不知道是否來自中國的古典文化，叫做**「一日一止」**。

請仔細看一下「一止」這兩個字，只要把「一」放在「止」上，就成為一個「正」字，也就是說，**每天停下腳步一次，反躬自省是「正確」的事。**

**看著同事和朋友在前面持續奔跑時，或許會對自己停下腳步感到不安，但是，無論禪還是中國古典文化都拍胸脯保證，停下腳步「沒問題」，所以可以放心停下腳步，讓自己有充分的時間「思考」各式各樣的事。**

## 積極樂觀面對現實◆

### 沮喪沒關係，但要趕快振作

人生路上有晴也有雨。這是事實。

人生不可能一帆風順，任何人的人生都會有起也有伏。雖然每個人都知道這個道理，但實際遇到起或伏時，心情就無法保持平靜。

「的確，如果工作、人際關係和健康方面都不順遂，心情就很灰暗、沮喪。」

這是「伏」的時候，但在「起」的時候，往往會對自己的能力過度充滿自信，驕傲自滿，看不起別人。

佛教中有一種說法叫做**「增上慢」**，就是忘記了自己的不成熟，未悟言悟，得意忘形，這種心理狀態將會導致人生陷入惡性循環。

既然是凡人，就很難做到無論在任何情況下都保持一如往常的平靜、溫和。

被譽為不世出的大橫綱雙葉山曾經留下連勝六十九場的輝煌紀錄，在準備奪得第七十場勝利的比賽中，敗在安藝之海的手下，他發電報給他視為師父的安岡正篤先生時表示自己**「終究未成木雞」**。

木雞是指木雕的雞，在鬥雞比賽中，最強的當然非無論發生任何事都不為所動，泰然自若的木雞莫屬。雙葉山引用了莊子的話，充滿自省地告訴師父，自己在第七十場比賽時心情受到影響，仍然沒有達到木雞的境界。

即使被認為在身、心、技各方面都達到最高境界的雙葉山，仍然會動搖，可見「成為木雞」是難上加難的一件事。

**遭遇不愉快的事，面對痛苦的境遇時，心情沮喪也無妨，但要在沮喪之後，把負面心情轉向正面，這才是禪的思考方式。**

有一則關於某位修行僧的故事。

他在修行旅途中，來到一間破屋過夜。破屋的天花板破了一個大洞，落葉飄了進來，為了熬過寒夜，他只能把木頭地板挖起來燒火取暖，所以忍不住有點難過。

但是，當他不經意抬頭時，看到皎潔的月光從天花板的破洞照進屋內，他發現月光灑滿自己的全身。

「原來我正在享受美妙的時光。」那名禪僧恍然大悟，前一刻的難過心情頓時煙消雲散，沉浸在幸福的感覺之中。

**他在破屋忍著寒冷過夜的現實並沒有改變，但可以把原本感到難過的心**

**情，轉變為感受幸福。**

「為什麼我會遇到這種倒楣事！」遇到這種情況時，的確讓人想要埋怨、嘆息。

但是，如果能夠轉念，覺得「如果可以撐過這一關，以後就不會被這種程度的風風雨雨擊垮，我一定要咬牙撐過去！」就可以用正面的態度對待挫折。

「上天不會給我們無法承受的考驗」。

即使當時覺得幾乎被壓垮了，已經走投無路了，但這是你所能夠承受的考驗，所以才會出現在你面前。

這種想法，是否可以成為轉念的契機？

是否可以成為改變「現在」的契機？

是否讓你看到了不同的方向？

有一個詞彙叫做「蛻變」。我認為只有克服困難和逆境，才能夠蛻變。

也就是說，困難和逆境都是蛻變的極佳機會，應該張開雙手歡迎。

一輩子深入民間，深受兒童喜歡的良寬禪師也曾經說過這樣一句話——

「災難當前時，能隨遇而安。」

**每個人的心中都有「轉變的力量」。**

只要知道這件事，即使面對艱難困難，也會覺得「小事一樁！」

chapter

2

# 一日之計在於晨◆

## 心情放輕鬆的最佳方法

要當時間的主人，不要淪為時間的奴隸。

我想在這一節談談這個問題。

想要保持身心健全，而且精力充沛，生活有節奏很重要。如果每天的起床和睡覺都沒有固定的時間，就會影響健康，精神狀態也會很差。

而且，如果人想要鬆懈，就可以永無止境地鬆懈。一旦進入懶惰模式，就會越來越懶，所以令人頭痛，必須及時踩剎車。

**可以讓身體建立維持生活節奏的「規律」。**

必須特別重視早上的時間。

**一日之計在於晨。**

我很希望大聲提倡這件事。在重視早晨時間，建立生活規律時，必須做到**「每天在固定的時間早起」**，這是最重要的一件事。

一旦早起，早上就有充裕的時間。

每天早上睡到快遲到，一口氣喝完匆匆忙忙泡的咖啡，把杯子丟進流理台，最後像脫兔般衝到車站……不知道是否有人每天早上的生活都好像在打仗？

一旦早晨這麼匆忙，不難想像接下來一整天的生活。因為一開始就急著趕時間，心情當然不可能從容，輕則丟三落四，重則可能會在工作上犯錯。

請各位仔細體會以下這句禪語：

**「汝被十二時辰轉，老僧使得十二時辰。」**

這句話出自中國唐末的趙州從諗禪師之口，意思是說，你被時間所使用，是時間的奴隸，而我懂得運用時間，是時間的主人。

這句話表達了**成為時間主人的重要性**，如果從早上開始就「匆匆忙忙」，當然和成為時間的主人背道而馳，淪為時間的奴隸，整天被時間追著跑。

早晨早起後，打開窗戶，讓室內充滿新鮮空氣，享受不同季節的戶外（窗外）風景，用力深呼吸，就可以促進血液循環，讓身體湧現活力。聽著風捎來小鳥的啼叫聲，欣賞樹葉的顏色變化，也可以刺激、磨練自己的感性。

享受完早餐後，慢慢喝杯茶或咖啡，就可以讓身心充分吸收早晨的清新，同時激發「今天也要加油！」的意願。

**這樣的早晨，是不是很「奢侈」？**

這才是真正成為時間的主人。

享受完「奢侈」的早晨後，不難想像接下來一整天的時間都將過得很充實。

**一日之計在於晨，想要成為一天二十四小時的主人，關鍵在於早晨。**

我更希望退休人士實踐「一天之計在於晨」的生活規律。退休是人生大事之一，也可以成為改變生活方式的轉機，如果不認真面對，會對之後的生活造成負面影響。

退休之前，每天都投入工作，所以在退休之後，很容易萎靡不振，做任何事都意興闌珊。

最典型的例子，就是有人在退休之後，好像突然老了好幾歲。曾經是勇猛的企業戰士變成可悲的「溼落葉」，到處亂黏，到處被嫌。這種情況並不罕見。

早晨睡到自然醒，有時候甚至在床上賴到中午，整天無所事事，打開電視，心不在焉地看著並不怎麼感興趣的電視節目……

一旦接受了自己淪為「溼落葉」，生活節奏很容易變得頹廢，於是就會更加陷入不安、煩惱和擔心。

即使工作已經退休，人生並沒有退休。**人生就是認真對待每一天的生命**。關鍵還是在於早晨。

要保持之前上班時期相同的態度，不，要比之前更重視早晨，展開一天的生活，於是，就可以讓每天保持精力旺盛，精神百倍。

於是，就會調整心情，想要去找一份新工作，參加公益活動，投入之前上班時期無法投入的興趣愛好……。也可以精進廚藝，有時候為家人做午餐。這樣的退休後生活不是很美妙嗎？

一日之計在於晨。只要牢記、貫徹這一點，就可以趕走「唉，今天也沒事可做」的無聊心情，充分感受自己努力活在「當下」、活在「眼前」，讓每天的生活更豐富、更充實。

## 用自己的「標尺」衡量人生◆

### 不被他人的價值觀左右

人活在世上，或多或少都會在意「社會的常識」這件事。

正因為大家都遵守常識，所以社會才能夠維持秩序，如果每個人為所欲為，脫離常軌，社會就會陷入混亂。

常識必須遵守，這是大原則，但如果太拘泥於常識，就會喪失個性。

一旦受到常識束縛，就無法發揮自由的創意，無法自由自在，心靈就會感到壓抑……。如此一來，常識似乎就變成了手銬、腳鐐。

只有具備了自己的「標尺」，才能夠擺脫常識的束縛，自由自在，但又不會誤入歧途。**在內心深處永遠意識到常識的存在，但有時候不必拘泥常識，而是根據獨自的判斷作為基準，用自己的方式解釋事物。這就是所謂的「標尺」**。

如何才能建立自己的「標尺」？

唯一的方法，就是親自實踐，不斷累積經驗。

禪修非常重視「實踐」。

禪語**「冷暖自知」**正是說明了實踐的重要性。水裝在容器中，如果只是肉眼看，不知道是「冷的」還是「溫的」，只有自己喝一口（或是把手放進去），才能知道「冷暖」。因此，**坐而思不如起而行**。

如今是資訊氾濫的時代，可以輕易獲得無數「知識」。只要上網搜尋「不受常識束縛的生活方式」，就可以找到很多相關主題的網站。

看了這些網站的知識，是否就能夠擺脫常識的束縛，自由自在地生活？當然不是這麼一回事。

即使裝了滿腦子知識，在面臨到底要不要拘泥於常識的情況時，還是會不知所措。

**只有在實踐中不斷累積經驗，用身體感受，也就是所謂的「用身體感覺」，才能做出對自己而言的正確判斷，進而落實在行動上。光靠知識，無法成為「標尺」。**

曹洞宗大本山總持寺的貫首板橋興宗禪師在擔任貫首之後，仍然和修行僧一起坐禪，也一起勞動。

以他那樣的地位，完全不必這麼做，其他禪僧都勸他：「請您回房間休息，您不需要和我們一起工作。」但板橋禪師總是用毛巾綁在頭上，穿上工作衣，光著腳，和其他禪僧一起打掃。聽說即使現在已經離開了總持寺，仍然不時外出托缽化緣。

板橋禪師的行為遠遠超越了常識的框架，他必定具備了出色而穩固的「標尺」。

這代表板橋禪師為了追求更高精度的「標尺」，自始至終貫徹實踐，不斷累積經驗。

這正是持續用完美的方式體現了禪宗思想。藉由實踐和經驗建立「標尺」，隨著不斷提升標尺的精度，就可以獲得自由。

《論語》中有這樣一段話：

**「七十而從心所欲，不踰矩。」**

從心所欲，就是順從自己內心的欲望思考、行動；不踰矩就是不超越規矩法度。

這句話的意思是，**（超越是否拘泥常識這個問題）從心所欲，自由地生活，**

**實現身為一個人的真理，和生存的真理。**這句話告訴我們，人生在世，內心必須有一把不斷磨亮的「標尺」。

**必須牢記「實踐、經驗」，建立自己的「標尺」。**

然後，在人生路上慢慢磨亮這把標尺，就會對自己的人生產生自信，擺脫因為「和他人比較」而產生的不安、煩惱和擔心，心靈就會越來越自由。

chapter 2

# 不去調查不必要的事◆

## 戒除對資訊的「暴飲暴食」

我想談談「資訊化社會」和「心靈」的關係。

現代社會已經進入一個「超」高度的資訊化社會，隨著網路的急速普及和進化，更加速了這種現象。

以方便性而論，能夠輕易得到各方面資訊的確是一件好事，但我認為其中也包含了令人擔憂的問題。

因為**多餘的資訊會削弱人的判斷力**。

比方說，想要做點什麼改善健康，於是決定「來蒐集一下相關資訊」。只要上網搜尋，立刻會出現數量驚人的一大堆資訊，結果就會變成「這個看起來不錯，那個好像也很有效。什麼什麼，還有這種方法？嗯，那個好像也很難割捨……」

因為有太多選擇，反而不知該如何判斷，對自己的判斷無法產生自信。

無論做任何決定時，都會發生類似的情況。想要找工作時，會發現「這家公司似乎很有前途」、「那家公司的福利很不錯」、「如果希望工作有趣味，就該選這家」、「以薪水來說，這家也不錯」……

**照理說，在選擇工作時，最重要的是考慮「自己想要做什麼」**。選擇工作和「如何安排自己的人生」有密切的關係。

**即使蒐集再多資訊，也無法找到「自己想做的工作」和「生活方式」，必**

**須從自己的內心去找**。為此，就必須靜下心來充分思考。

換句話說，要明確「心靈的方向」，然後問自己，到底想要什麼。從這個角度來說，**資訊反而會造成「猶豫」，當有太多資訊時，反而搞不清楚心靈的方向**。當心靈徬徨時，當然會產生猶豫和不安。

日本人以前的工作幾乎都是繼承家業，農業是最典型的例子，在手藝人的世界，也都是父親把技術傳承給兒子，兒子再傳給孫子。

因為沒有選擇，所以「心靈的方向」很明確，就能夠專心投入工作。當心無旁騖地投入工作，人生也因此變得充實。

有人認為是因為沒有選擇，所以對工作不會產生猶豫和不安，事實的確如此，但那個時代的人不光是在工作上，在人生道路上，也不像現在人那樣經常陷入迷惘和不安。

有多元化的選擇，有助於拓展各種可能性，這一點固然重要，但是，懂得適度縮小選擇的範圍也很重要，所以不妨用這種方式解決這個問題，**將重點放在決定「心靈的方向」這件事上，然後只蒐集相關的資訊，讓自己有更多選擇。決定了心靈的方向，經由內心充分思考後所選擇的工作，或是決定要做的事，即使無法立刻有令人滿意的結果，也不會產生動搖，**而且必定會全力以赴。

這才是關鍵。

**「隨處作主，立處皆真。」**

這是臨濟宗的始祖臨濟義玄禪師的話。

這句話的意思是，無論身在何處，只要努力做好「此時」、「此地」所能夠做到的事，就可以成為自己人生的主角。

「主角」的視線當然不可能東張西望，被充斥的資料所迷惑，而是堅定地看向某個方向。

「主角」走過的大地會留下清晰明確的足跡，可以說是腳踏實地走在人生路上。

無論何時何地，任何人都可以成為自己人生的主角。

首先決定「心靈的方向」，然後專注於「當下」能夠做到的事。

要不要從這裡開始？

## 在自己的崗位上綻放光芒◆

### 此時不做，更待何時？

各位是否「認真」投入目前的工作？

是否覺得工作「很快樂」，每天「很快樂」？

雖然我並沒有針對這個問題做過調查，只能憑想像，但我猜想大部分人的回答是否定的。

我在觀察年輕世代後，發現有一個傾向。這些年輕世代即使找到了工作，往往因為「總覺得好像不太適合我」、「和我想做的工作不太一樣」，於是就立刻放棄，辭職走人。

日本有一句諺語「石頭上也要坐三年」，用來形容只要能夠刻苦忍耐，必定能夠獲得成功。以前的人在工作之前都有充分的自覺和心理準備，無論做任何工作，都需要「忍耐」，但現在這句話幾乎已經被人遺忘了，有一種恍如隔世的感覺。

缺乏活著的真實感。這也是現代人的共同點。雖然我知道這麼說有點一竿子打翻一船人，但這個世代的人無論對工作和人生，對所有的一切都感到「無趣」，而且這種感覺不斷蔓延。

因為無趣，所以會感到不滿、不服氣，也成為煩惱的原因，不妨靜下心來問自己。

怎樣的工作能夠讓自己認真投入？怎樣的生活方式能夠讓自己發光，讓自己感到快樂？

你是否有答案？

有一件事非常明確，能夠讓你認真投入的工作不會從天上掉下來，並非只要等待，就可以等到快樂的人生。

沒錯，**你只能「認真」投入「目前」從事的工作，享受「當下」，樂在其中。**

**「大地黃金」**這句禪語可以成為良好的啟示。

這句禪語的意思是，無論身處何處，只要在目前所在的地方，自己身處的地方盡最大的努力，於是，那個地方就會像黃金一樣閃閃發光。

**閃閃發光的並不是大地，而是你讓大地變成了黃金。即使覺得不適合自己，即使覺得不符合自己的興趣，「目前」、「在這裡」所從事的工作，就是「你的工作」。**

如果現在不認真做好自己的工作，到底什麼時候、哪裡才要開始認真？

道元禪師和在禪宗寺院內負責供膳的典座和尚之間曾經發生過這樣一件事。

那是道元禪師剛去中國，向天童山的如淨禪師修行不久之後發生的事。有一天，道元禪師看到一個年老的典座和尚沒有戴斗笠，就在烈日下曬香菇，對老和尚說：「不需要在烈日炎炎下這麼辛苦，可以等太陽稍微下山之後……」

老和尚回答說：

「更待何時？」

這句話的意思是：「如果現在不做，到底要什麼時候做（難道有哪個時候是適合做這件事的時候嗎？↓當然沒有）。」

老和尚的這句話深深打動了道元禪師。**一旦下定決心，必須現在努力、在這裡努力，就會創造出很多「工夫」，更認真投入工作，對人生也更能夠樂在其中。**

也就是說，關鍵在於即使面對由誰來做都一樣的工作，也要思考一下，是否也能夠創造出『自我』的特色。

當渾身充滿此時、此地充分發揮自我的意願，不覺得周圍的風景和之前完全不一樣嗎？

當在工作上發揮出「自我特色」後，誰都可以做的工作，就會變成只有你（妳）才能做好的工作。

「這份工作會很期待交給他（她）來做，不知道能夠做出怎樣的成果。」久而久之，一定可以贏得這樣的肯定。

這就是一個人的「價值」。

**投入一件發自內心喜歡的事，就可以讓每個瞬間都變得很充實，內心的猶豫和不安也會消失，讓人積極向前。**

於是，你就會在此地、在此刻，發出閃耀的光芒。

在你目前所在的崗位上腳踏實地，綻放出美麗的花朵。

chapter

2

## 順應自己的情感◆這才是真正的自由

自己很容易煩躁，很容易沮喪……。如何才能妥善控制自己的情緒？

為此，就要努力做到「無心」。

只要能夠做到無心，就不會受到感情的影響，也不會對遇到的事一喜一憂，心情可以隨時保持平靜。

但是，想要做到無心並不容易，而且可說非常困難。即使在坐禪的時候，越是想到「坐禪時必須無心……」，反而更容易受到影響，結果滿腦子都是「不能思考任何事」、「要把心放空」之類的念頭。

即使坐禪時，也無法阻止各種思緒浮現在腦海。

一旦腦海中浮現各種思緒，任其浮現就好。

於是，這些雜念就會自然消失。

**任其浮現，任其消失。這是接近「無心」的內心狀態。**

丟一塊小石頭進入水中，水面就會泛起漣漪，波紋漸漸擴散。如果把手伸進水中，試圖讓波紋靜止，反而會產生更複雜的波紋。不去理會，波紋就會漸漸平靜，很快就會恢復如鏡的水面。

心靈也一樣。

有一句禪語叫做**「雲無心以出岫」**。

雲不受任何拘束，隨著風吹改變形狀，隨風飄動，但並沒有失去雲的本色，這正是無心的最佳表現。

我們在日常生活中會遇到各式各樣的狀況，有好事，也有壞事。會遇到讓人樂開懷的事，也會遭遇令人怒不可遏的事，一旦受到這些事的影響，心情就會起伏。

「那傢伙竟然說那種話！王八蛋，我絕不饒他！」

這是對吹進內心的「怒風」產生反彈，想要對抗的態度。因為受到了影響，所以滿腦子都想著這件事，心情亂糟糟，思考也陷入僵化。

**喜怒哀樂的感情是人性，所以不必壓抑內心產生這種感情，正因為想要克服這種感情，想要以牙還牙，才會導致遲遲無法擺脫。**

椿子被釘在大地之後，就不會輕易搖晃。無論吹起再大的風，也只能在原地對抗強風，但是，當風越來越大時，可能會把椿子吹斷。

但是，竹子會配合風的強度搖擺，無論再強的風，都無法把竹子吹斷。一旦風停止了，竹子就立刻恢復原來的挺拔，做到了「任風吹拂，隨風而止」。

**不必要求自己對不時浮上心頭的想法和感情「不為所動」，但要努力做到「任其浮現，任其消失」。**

這正是不受影響的態度。當瞭解這一點之後，就不會「用力」，能夠專注在「當下」，心也會變得更柔軟，更富有彈性。

讓我們努力走向「無心」。

chapter

2

# 夜晚就得靜靜地過◆

## 不在晚上決定重要的事

各位每天夜晚，是否都能夠保持心平氣和呢？

禪修中有**「夜坐」**的修行，也就是在夜晚坐禪。

曹洞宗的大本山永平寺（福井縣）、大本山總持寺（神奈川縣）的雲水（修行僧）每天晚上八點之後就要開始「夜坐」，保持心情平靜之後，才上床睡覺。

不知道各位的情況如何？每天下班之後，是否都和同事、朋友相約喝一杯、大吐苦水？即使能夠暫時消愁，但在酒醒之後，是否仍然覺得「唉，心情糟透了」？

想要平靜度過夜晚的時間並不是一件容易的事。因為夜幕降臨後，白天工作忙碌時暫時忘記的不安、煩惱和擔心都會輪廓清晰地浮現在腦海。

腦海一旦被這些事佔據，就很難擺脫。我認為這和夜晚的「黑暗」有密切的關係，夜晚會讓人產生更多的煩惱，內心的芥蒂、隔閡更深。

相信每個人都曾經有過類似的經驗，當為了某件事輾轉反側，遲遲無法入眠，隔天早晨，在陽光下回想那件事時，覺得「根本不是什麼大問題，為什麼之前會為這件事悶悶不樂？」

在夜晚判斷事物時，也很容易犯錯，而且，為了做出判斷，往往會思考很多事，這種思考會讓大腦興奮，容易導致失眠。

所以，**平靜度過夜晚的最佳訣竅，就是盡可能遠離「需要進行判斷的狀**

**況」**。

某位知名的經濟評論家，曾經和大家分享了他的經驗。以前，他經常在晚上看電視、上網蒐集各種資訊，從某天開始，他停止再做這件事，晚上完全不碰這些工作的事，結果，翌日早晨，感覺神清氣爽，思緒更清楚，在判斷時就能夠當機立斷。

**一旦接受了資訊，就會情不自禁加以思考、判斷。**

所以，**乾脆隔絕所有的資訊**。

這是讓夜晚時間保持心情平靜的訣竅。

同時，**將夜晚的時間用來做自己開心的事、放鬆的事，也是能夠有效地讓心情保持平靜的方法之一**。

每個人覺得舒服開心或放鬆的事不同。可以看自己喜歡的書，或是翻閱能夠讓心情療癒的詩集。如果覺得「聽音樂最放鬆！」就充分沉浸在音樂的世界中。如果想要好好享受自己的興趣愛好，完全可以盡情地把時間投入自己的興趣愛好。

女性朋友也許喜歡點一盞精油燈，或是好好泡個半身浴，讓自己充分放鬆。**只要能夠充分享受放鬆的時間，自然而然就會心平氣和。一旦養成每天睡覺前就讓心情放輕鬆的習慣，必定能平靜度過夜晚的時間，效果完全不輸給「夜坐」的禪**。在改善睡眠品質之後，第二天早晨起床後必定更加神清氣爽。

# chapter 3

# 遠離「競爭」，人生從此順利

學會「別人是別人，我是我」的思考方式

## 視「勝負」如糞土◆

### 是輸是贏都一樣

「我絕對不想輸給和我一起進公司的那個傢伙！」

「這個月，我一定要成為全課業績第一名，走著瞧！」

工作上往往會要求成果，尤其在當今的時代，更加注重「成果主義」，上班族不得不對成果的問題格外敏感。

在考慮成果的問題時，不可避免地會和他人進行比較。

可以說，這是把自己推進了競爭的世界。

競爭可以成為自我提升的動力。

但是，**一旦投入競爭的世界，所有的價值觀都只在於「輸」和「贏」。贏了同時進公司的同事就樂不可支，當業績不如人意就會沮喪不已。內心經常會動搖起伏，心情時喜時憂。**一旦有競爭行為，這種情況就無可避免。

我向來認為，有很大一部分工作壓力來自把「輸」、「贏」看得太重。

當滿腦子都是「輸」和「贏」時，就會漸漸產生「為達目的，不擇手段」的想法，獨佔原本應該和同事分享的資訊，暗中期待他人犯錯……

誰都知道，這種卑鄙無恥、見獵心喜的行為，和光明正大背道而馳。

可悲的是，在當今的商場上，扯他人後腿、偷襲他人的行為不勝枚舉，這也是商場的現實。

於是，就衍生出一個問題。

即使不擇手段地贏了別人，能夠充分沉醉在勝利的美酒之中嗎？一旦贏了他人，就能夠徹底消除自己做了可恥行為所產生的愧疚嗎？

當然不可能。

**一旦不擇手段贏了他人，內心必定會留下芥蒂。**

**這就是人性。**

**是否該拋開「輸」、「贏」的問題了？**

有一句禪語叫做**「八風吹不動」**。

這句話的意思是，人生在世，會遭遇各式各樣的風。有徐風，也有狂風，但心情不要受外界所吹的風影響，無論吹什麼風，都努力讓自己樂在其中。

當自己的業績超越同事時，或許會覺得如沐春風；當被同事潑冷水時，就覺得好像經歷了狂風暴雨，但其實這和「輸」、「贏」無關係。

**只是不同的時候吹起了不同的風而已，所以，無論外面吹什麼風，只要抱**

**持著順其自然的態度接受就好。**

所謂抱著順其自然的態度接受，其實就是用真摯的態度，面對出現在自己面前的狀況。

**不要將注意力放在外側的「誰」身上，而是專注於「自己的心」，才能夠用真摯的態度面對。**

「這次的工作是否已經全力以赴了？」

「雖然在那個階段，認為『這樣很好』，但是不是還有更好的方法？」

當然，很少有工作讓人覺得已經全力以赴，發揮了充分的實力，只要捫心自問，**覺得「自己已經努力完成了這份工作」**，就不需要對自己太苛求。

每一個案子只要已經盡了力，就要**「接受」**結果。

我認為**「接受」的心態最重要**。

因為，一旦有了這種心態，無論是怎樣的結果，都能夠坦然接受，也就是達到了無論吹怎樣的風，都能夠樂在其中的境界。

不妨將注意力從「外面」收回來，轉為關注自己的「內心」。於是就會發現，自己終於能夠輕鬆面對「輸」、「贏」的問題。

chapter

3

# 腳踏實地，持續努力◆

## 在羨慕他人才華之前該做的事

「我苦思冥想、絞盡腦汁，好不容易才擠出一份企劃，他竟然可以接二連三地輕鬆提出很多令人耳目一新的企劃。」

「我每次都要費盡九牛二虎之力，才能低空飛過業績目標，為什麼他總是可以輕鬆自在地成為業績冠軍？」

可能有不少人都曾經有過這樣的想法。因為每個人都覺得別人的才華很耀眼。

但是，即使再怎麼羨慕他人的出色才華也無濟於事，因為不需要把時間浪費在羨慕別人的才華上，而是要做更重要的事。

我認為必須**養成針對自己力所能及的事，持續腳踏實地付出努力的習慣，這種「習慣」有機會超越「才華」**。

禪修的本質也是「反覆、持續」。在名為「制中」的修行期間，修行僧每天都要持續嚴格的修行。在為期一百天的期間內，每天都做相同的事，久而久之，坐禪、誦經、勞動……修行生活的一切都成為習慣，進而真正學會。用「讓身體記住」這句話來表達，或許更有助於理解。

無論理解經書的「能力」再強，如果吝於付出這種「努力」，就無法修行，也無法在追求領悟的路上邁進。

在美國大聯盟活躍超過十年，在大聯盟史上也留下紀錄的天才棒球明星鈴木一朗選手，曾經說過這樣一段話：

「如果大家認為不努力也有成就的人是天才，那我不是天才；如果努力之後完成一些事的人被稱為天才，我想我就是天才。如果大家都認為我不需要努力，就可以打出好球，那是大錯特錯。」

鈴木一朗獨佔了職業棒球選手所需要的所有才華，就連他也認為，如果不努力，就不可能有天才。

即使具備了和鈴木一朗相同的才華，不，即使具備了超越鈴木一朗的才華，如果不努力，就無法讓才華開花結果。所以說，努力才是最好的才華。

禪宗的世界也有類似的故事，那是在中國唐朝非常知名的香嚴智閑禪師的故事。香嚴禪師在出家之前就聰穎過人，知識淵博，卻對師父提出的公案（問答）茫然不知所對，因而深陷苦惱。

香嚴禪師煩惱了很久，發現自己受到知識的侷限，對自己倍感失望，進而燒毀了所有的書籍。之後，禪師搬去了渴仰已久的南陽慧忠禪師的墓地，在那裡當守墓人。

南陽慧忠禪師生前獲得了六祖慧能的心印，活到了一百歲。

香嚴禪師每天都清掃墓地，有一天，他正在掃地，手上的掃帚掃起了一塊瓦礫，瓦礫擊中了竹子。

聽到瓦礫敲在竹子上的聲音，香嚴禪師頓然大悟。「香嚴擊竹」就是以這個故事為基礎的禪語，告訴我們持續不懈、腳踏實地做同一件事，持續努力的重要性。

才華或許是與生俱來的。即使「想要擁有他的才華」、「希望她的才華能分一點給我」，也往往難以如願，但是，任何人都可以憑自己的意志努力。

**不必在意輕鬆達成業績的「他」，自己從腳踏實地的努力做起。早上到公司後，發一封電子郵件給老主顧的客戶，問候也好，聊聊感想也可以，或是分**

**享一些資訊。**

也許持續一百天後，可以聽到「擊竹」的聲音，創下遠遠超過業績目標的成績。

# 懂得「感恩」◆

## 必須知道，個人的能力微不足道

**日本人繼承了「感恩」的基因。**

自古以來，日本人就是一個懂得體諒他人，擁有感恩之心的民族。成為國家基礎的農業基本上是共同作業，農田的灌溉水需要大家合力整備、引水，如果人手不足，就會請左鄰右舍一起幫忙。在農業社會，這些都是很自然的事。

「謝謝」、「託福」的感激之情，是這些行為的基礎。隨著時代的變遷，漸漸失去了這種想法，變成了凡事都把自己放在第一位，自我欲不斷蔓延的社會。

商場上的這種情況尤其顯著。日本以前都注重團隊工作，每個人在各自的崗位上發揮自己的實力，共同做出成果。如今，這種傳統的工作方式已經逐漸消失，成果主義大行其道。

「提升我的業績是首要任務。」

「只要能夠提升我的業績，其他都不重要。」

這種想法會導致徹底追求個人主義，增加自我欲，於是就會導致自私自利的工作方式大行其道，為了提升自己的業績，不惜扯他人後腿，陷害競爭對手。

但是，正如我在前面所說的，日本人繼承了「感恩」的基因。

二〇一一年三月十一日，發生了東日本大地震，災區的很多人失去了家園，失去了重要的家人，生活無以為繼，但有很多災民都不忘向救災人員道謝。

也因此讓人發現，**這個世界還不壞**。

有一句話叫做**「相利共生」**。

就是考慮到彼此的利益後採取行動，達到共生的境界。這也很符合禪宗的思想。

不知各位是否瞭解日文中的**「託福（O-ka-ge-sa-ma）」原來是什麼意思？**

**這句話的語源來自「祖先大人（go-sen-zo-sa-ma）」**。雖然祖先已經離開了人世，但我們是因為祖先的庇蔭，得到他們的協助，才能夠活在世上，這種對祖先的感激之情，化為「託福」這兩個字。

或許有人覺得自己很獨立，靠自己的力量活在世上，但每個人都是人生父母養，父母又有各自的父母，所以每個人都有四個祖父母。

如果向前追溯十代，就變成一千零二十四位祖先，如果追溯到二十代，祖先的人數輕而易舉可以破一百萬人。

只要少了其中一位，我們就不可能來到人世。正因為我們的祖先無一缺席，才能將生命延續給我們，也才能有今天的我們。從這個角度思考就知道，**任何人都不可能只靠自己活在世上，是託祖先的福，才能來人生走一回。**

工作也一樣。**即使自認工作能力無人可及，一個人的能力極其有限。**

如果整天都把自己放在第一位，就不可能完成大規模的工作，而且總有一天會遇到無法光靠自己能力解決的工作，就會知道「一個人不行」，到時候就會成為巨大的瓶頸。

**必須知道，任何一項工作都是因為「託他人的福」才能完成。即使是「我簽下的合約」，成果也不光屬於你一個人。在談判階段，是否有人為你準備所需的資料？有沒有人用電腦為你打企劃書？當談判對方打電話來時，是否有人為你接電話？在公司內開會時，是否有人為你們倒茶？**

你託了這些人的福，才能夠簽下這份合約。能夠瞭解這一點，懂得感恩的人，別人才會願意支持，在得到眾人的協助之後，才能完成更大規模的工作。

你仍然堅持把自己放在第一位嗎？

chapter

3

# 說「好話」◆語言的力量很驚人

有一句諺語，叫做「壞事傳千里」，中傷、壞話的傳播速度非常快。道人是非者，便是是非人，早晚會為此付出代價。在背後中傷他人、說人壞話，其實也在不知不覺中，讓自己淪為俎上肉。而且，經常發生在小圈圈內大罵上司，結果所有的話都傳到了上司耳中，導致自己和上司關係惡劣，自己在公司內地位岌岌可危的情況。

有一句禪語叫做**「愛語」**。

意思是說，要帶著慈愛對方的心說話。

**「愛語起自愛心，愛心則以慈心為種子，須知愛語具有回天之力。」**

這是道元禪師在《正法眼藏》中所說的一段話。**帶著慈愛對方的心所說的愛語，具有回天的力量**。所以，各位也必須瞭解愛語的巨大力量。

但是，可以感受到親切感的玩笑話，或是富有幽默感的輕鬆「壞話」不在此限，反而可以帶來輕鬆氣氛，讓談話更加愉快。

任何人都不可能百分之百都是優點，所以，任何人都有可以被人在背後指指點點的要素，但是，全天下也不可能有人百分之百都是缺點。

所以，是否願意改變一下做法？

**換一個角度，努力發現對方的優點、長處，然後加以稱讚**。任何人聽到他人的稱讚都不可能心情不好，而且也會用稱讚回應。

**重要的是，稱讚時，不要以為「只要吹捧一下就好」，說一些言不由衷的話。**這是必須遵守的大原則。

如果一聽就知道是拍馬屁、奉承，當然無法打動對方，如果不是真心覺得「很棒」的優點，發自內心地加以稱讚，就失去了意義。仔細思考一下就可以發現，人很不擅長稱讚他人。德國文豪歌德曾經說過——

**「為什麼人總是喜歡說別人的壞話？因為人們覺得只要認同他人的功績，就等於降低了自己的品格。」**

相信有不少人會感到慚愧。不知道為什麼，人總覺得一旦稱讚別人，自己就好像低人一等了。

但是，能夠坦率相互稱讚的關係，能夠認同彼此優點的交情，才能豐富心靈。

**趕快捨棄那些無聊的自尊心和執著。**

中國的史學家司馬遷《史記·樂毅列傳》中有一句話——

**「君子交絕，不出惡聲。」**

即使彼此的交情斷了，也不要口出惡言，這才是君子之舉。

妙哉。君子當如是也。

chapter

3

# 交給年輕人◆一定有需要你的時候

希望可以永遠站在工作第一線。

每個上班族可能都希望如此。當擔任不同的職位時，第一線的場所不同，工作內容也不相同，但每個人都希望自己在職場上是一個令眾人刮目相看、有份量的人。

但是，從電腦和平板電腦的出現就可以知道，商場的工具不斷進化，不斷推陳出新。

在某些職場，必須像年輕世代一樣精通３Ｃ產品，才能夠站在第一線。努力學習，讓自己精通３Ｃ產品固然很不錯，但類比世代的人往往難以應付某些方面的問題。

在企業全面電腦化時期，就有不少中、高齡的上班族為學不會電腦感到壓力沉重，導致自律神經失調，進而影響健康，這些都是科技壓力（Techno stress）中的科技不安症狀。

並不是只有工作技術和能力超越下屬和後輩，才能顯現出自己的價值。如果下屬在某項技術方面有專長，可以把相關部分交由他處理。如果工作上需要自己缺乏的能力，邀請具有這方面能力的人加入自己主導的案子和團隊，就可以解決問題。

我認為**藉由「交付工作」培養人材，成立符合工作目的的團隊，這不正是**

## 身為主管的價值嗎？

有時候主動退居二線，並根據之前累積的經驗，在必要的時候提出適當的建議，確認工作的進展，在必要的時候指出方向，修正軌道，也可以充分展現身為主管的價值。

日本有一句禪語叫做**「閑古錐」**。

如同日文的「閑古鳥」代表生意冷清，門可羅雀之意，「閑」就是「閒來無事」的意思，「古錐」就是舊的鑽孔錐子，也就是用舊了之後，尖頭部分已經變圓，不再使用的舊錐子。

新的錐子頭很尖，可以很輕鬆地鑽孔，但因為太尖，有時候也可能會傷到人。

如果只論鑽孔，使用多年，尖頭磨圓的錐子的確不太好用，但這樣的錐子不會傷到人，而且有一種難以形容的風情。

**人隨著年紀越來越大，無法像年輕人那麼靈活，那麼有活力，也很難很快學會新的技術，但具備了經過多年累積的各方面經驗。**

其中可能不乏年輕世代第一次遇到的困難談判的經驗，或是巧妙解決問題的智慧。年輕人在遭遇這種困難和麻煩時，往往會退縮。

這種時候，正是「閑古錐」大顯身手的機會。

**「這種時候，讓我來分享一下經驗。」可以把握時機，分享自己的經驗——**

這種「閑古錐」的生活方式，更有圓融成熟的味道。

chapter 3

# 坦然接受任何境遇◆

## 順境很棒，逆境也很好

「什麼？要調去外地的分公司？為什麼要我去！」

「為什麼我老是這麼倒楣！」

面對意想不到的境遇時，人都會忍不住「埋怨」。

即使不是被調到外地那麼巨大的變化，也可能遇到原本想做業務工作，卻

被派去總務部門；原本想好好展現自己的企劃能力，卻被調到會計部的情況，

於是，就會忍不住抱怨、嘆息。

我們周遭的環境隨時都在變化，在日本經濟仍然沒有走出黑暗期的當前，工作環境的確面臨了更大的變化，但這是極其理所當然的事。

大家都知道，佛教中有一句話叫做「諸行無常」。

這句話的意思是，世界上所有的一切都隨時在變化，沒有一刻停止。**我們也隨時生活在變化之中**。

即使如此，我們往往樂於接受良好的變化，卻難以接受不好的變化。這是人之常情。

但是，**無論再怎麼怨天尤人，再怎麼沮喪，都無法改變境遇**。不僅無法改變，而且會讓自己的心情越來越沮喪，陷入嘆息和埋怨的負面循環，走進負面情緒的死胡同。

不妨換一個角度思考。

無論遭遇到任何境遇，都可以發揮自我，在那裡累積的經驗，可以成為未來邁出更大步的動力，也可以成為精神食糧。

松下幸之助曾經說過一句至理名言：

**「逆境也好，順境也罷，重要的是無論面對任何境遇，都要坦然處世。」**

**只要坦然處世，順境和逆境都沒有差別。**

**因為無論是順境還是逆境，都是努力生活的「場所」而已。**

在外地工作時，如果可以轉念思考，下定決心「好，我就在這裡建立廣泛的人脈」，就能夠積極經營人際關係，也能夠細心對待每一位客戶，心情也會變得更主動積極。

無論在任何行業，掌握建立在信賴關係上的豐富人脈，可以成為強大的武器，並成為寶貴的資產。

也可以在會計部門認真工作，累積會計相關的知識後，日後在參與企劃工作時，就可以充分運用這些專業知識。一旦有會計知識背書，成本意識明確的企劃實現的可能性也更高。

禪語如是說——

**「日日是好日」。**

這句話的意思並不是說，每天都是好日子。人生路上，當然有晴天，也有雨天。有陽光燦爛的日子，也有承受狂風暴雨的日子。但是，無論是怎樣的日子，你都可以體會到只有這一天才能體會、累積的寶貴經驗，無可取代的經驗，所以，每一天都是有意義的「好日」——這才是這句禪語真正的意思。

**境遇無法影響你的生活方式。**

**但是，你的生活可以改變境遇。**

chapter

3

# 今日事，今日畢◆

## 自在人生的奧義

「好忙。」

「我的時間不夠用。」

「整天被時間追著跑。」

不少上班族都有這種感覺。

日本人是勤勞刻苦的民族，雖然工作量的確太大，但也真的很少有充裕的時間。

於是，工作越積越多，最後只能雙手一攤，投降放棄。

「反正也不是非要今天完成的工作，先做到這裡，其他的明天再說，明天……」

然而，這種處理態度反而會讓時間越來越不充裕。**今天該做的工作拖延到明天，就會讓明天的時間不夠用**。日復一日，最後就會變成「啊啊！來不及了！」「啊！超過期限了！」必然會造成心情緊張、心浮氣躁。

大家都知道「歲月不饒人」這句話。

時間不會配合任何人進行調整，一分一秒地過去，跟不上時間腳步的人，就註定會被時間拋下。

佛教所說的「無常」也是相同的意思。

世上萬物隨時都在變化，沒有剎那的停頓，已經逝去的時間無法重來。

這些都是天經地義，但或許因為太理所當然了，反而容易讓人忘記，我認為必須再次提醒自己。

**今日事，今日畢。這是避免成為時間的奴隸、避免時間不夠用的秘訣，也是最大的奧義。**

白隱慧鶴禪師是臨濟宗中興之祖，白隱禪師的師父是正受老人（名叫道鏡慧端的老僧），他在正受老人的嚴格指導下終於開悟。正受老人說過這樣一句話：

**「今日只今之心乃頭等大事。」**

這句話的意思是，「今日只今」是最重要的事，也就是要竭盡全力好好活每分每秒。

竭盡全力好好活，就是做該做的事。

正受老人還說過這樣一句話：

**「再大之苦，想到乃一日之苦，便容易承受。」**

這句話的言外之意，就是無論遇到再大的苦難，只要想到今天該做的事，只能在今天完成，就可以克服。按照正受老人所言，如果想「留到明天再做」，就會難以承受這份苦難，也會越來越痛苦。

即使把工作拖延到明天再做，該做的工作也不可能消失，無論早晚，都必須處理，而且，拖得越久，時間就會越來越緊迫。

**我的工作方式是，面對手上的工作，向來不用麻煩或輕鬆的標準加以衡量，而是按照「順序」，一件一件完成。**

因為我是寺院的住持，所以不知道什麼時候會接到葬禮的工作。葬禮的工作當然必須最優先安排，在此期間，就無法做其他的工作。如果半途而止，思緒就會被打斷，下次再接著做的時候，效率將會奇差無比。

所以，當我在做需要長期處理的工作時，一旦決定「今天要做到這裡為止」，就必定會在當天完成應有的進度。

我除了擔任住持以外，還從事庭園設計、寫書、在大學任教的工作，除此以外，還有很多事情要處理，周圍的人經常問我：「你是不是覺得一天二十四小時不夠用？」但我從來不覺得時間不夠用，也從來沒有被時間追著跑。

**今日事，一定要今日畢。**

**來吧，趕快完成你目前手上的工作。**

## 不輕易逃避◆

### 即使失敗，也不會有生命危險

任何人都不希望失敗，但是，如果害怕失敗，面對工作時，就會變得消極，壓抑開拓新領域的挑戰精神，追求安全第一，在工作上完全感受不到主動積極。

日本有一句話叫做「敲敲石橋再過橋」，意思是即使遇到堅固的石橋，也要敲一敲，確認安全後才走過去，代表謹小慎微之意，但如果敲了半天之後仍然不過橋，或是覺得自己沒辦法過橋，就未免太膽小，太沒出息了。即使已經如此小心謹慎，仍然可能犯錯，於是，為了害怕別人知道，就會拚命掩飾。這無疑是最糟糕的情況，如果犯小錯時也要拚命掩蓋，必定會犯下更大的錯。

無論在任何場合，一旦失敗，立刻坦誠認錯是最好的解決方法。即使成功掩飾，順利瞞天過海，仍然無法改變失敗的事實，所以，必須在哪裡跌倒，就在哪裡站起來，思考如何善後處理。

當事者乾脆承認錯誤的態度，有助於促進相關人員團結一致，共同解決問題。如果拚命掩飾，最後還是東窗事發，任何人都不願意向這種人伸出援手。

**即使失敗，也不可能要你的命。這種態度並不是擺爛，而是必須用這種態度面對問題。**

有一句禪語叫做**「本來無一物」**。人類雙手空空降臨人世，這是人類原本的樣子，所以根本不需要執著於任何事物。

不想失去目前的工作也是一種「執著」。雖然一旦失去工作，就會面臨是否能夠養家餬口的問題，**但這種事等實際遇到之後再考慮也不遲**。除非自己犯的錯造成了公司巨大的損失，或是毀了公司的名譽，否則公司方面不可能因為員工的一、兩次失誤就立刻解僱。

**即使遭到解僱，也只是恢復原狀，回到原點而已，而且，每個人都具備了從零開始的能力。**

只要拋開想要繼續留在這家公司，想要繼續留戀目前職位的執著，就不會害怕失敗，積極投入工作，既能夠表現自我，也能夠充分發揮自己的實力。

這種態度有助於提升工作的成果。奇蹟般重整了日本航空的稻盛和夫先生也是禪宗得度者，他曾經說過這樣一句話：**「這個世界上並沒有所謂的失敗，在挑戰期間，持續挑戰，就永遠沒有失敗。只有放棄的當下才是失敗。」**

希望各位牢記「本來無一物」才是真實的自己，不要害怕，持續挑戰。

chapter

3

# 學會「寬容」◆

## 你走你的路，我過我的橋

一種米養百種人。假設有一百個人，每一個人的人格和個性都不相同。這是天經地義的事，沒有人會否認這件事。

既然如此，在同一家公司工作的上司、下屬的人格、個性當然不同，人生觀也各不相同。

但是，有時候遇到和自己有不同人生觀的人，難免會感到心浮氣躁。這就是人性。

比方說，看到家庭至上主義的上司，就會忍不住嘆息。

「有必要那麼注重家庭嗎？我們還在加班，他卻拍拍屁股走人了，這種人竟然可以當課長。」

上司看到把追求快樂視為人生意義的下屬，也會忍不住批評。

「那傢伙這樣沒問題嗎？每天都在吃喝玩樂，如果不存點錢，以後會很辛苦。」

一絲不苟的上司在任何事上都看不慣吊兒郎當的部下，忍不住投以蔑視的眼神。

但是，容我再度重申，一種米養百種人，每個人的人生都不相同。**無論別人有怎樣的人生觀，都不應該指指點點**。除非對工作造成了影響，當然需要適時指正，但只要沒有影響工作，就應該尊重每個人的人生觀。

chapter

3

工作上的人際關係發生摩擦時，往往是因為沒有瞭解這一點。

遇到人際關係的摩擦時，不妨思考一下，**是否對上司或下屬心生不滿，試圖強迫對方接受自己的人生觀**。

認同對方的人生觀，就可以消除內心的芥蒂，輕鬆愉快地度過每一天。同時，**相互認同彼此的專長和不足的事**，也有助於建立和諧的關係。

無論任何一個行業，工作內容都涉及很多方面。通常有企劃部門、營業部門、技術部門，還有會計和總務等部門。

以企劃為例，有人負責從構思到寫企劃書，也有負責簡報，各有專長。但是，有時候會聽到這樣的抱怨。

「我絞盡腦汁寫企劃書，那傢伙卻拿著我的企劃書，口若懸河地做簡報，而且還受到肯定，我真是虧大了。」

有什麼關係呢？擅長寫企劃書的人，就專心寫企劃書，然後把簡報工作交給表達能力強的同事。因為覺得功勞被搶，所以才會火冒三丈。

「寫企劃書的事就交給我，我會寫出超強的企劃書，但簡報就麻煩你了。」

**雙方認同彼此的專長，將自己不擅長的部分交給對方，就能夠心情愉快地合作。**

在業務方面，有的人擅長精密的計算，讓談判獲得成功；也有的人個性開朗，有豐富的才藝，在應酬的場合，有他在就搞定了一切。

**只要認同彼此的專長，巧妙地分工合作，工作就會更有效率、更有意義，最終對雙方都有幫助。**

如今是成果主義全盛時期，不是樣樣都行的全方位選手，可能就難以在職場生存。

但是，隨著時代的變遷，工作方式也會逐漸改變，至少我認為「分工制」很符合日本的國情，也是能夠充分展現日本人優勢的工作方式。

同時，我還想補充一點。**嚴以律己，寬以待人的態度，有助於工作的順利進行。**

江戶時代的儒學家，也是中國古代藥物學本草學學者貝原益軒曾經說過這樣一段話：

**「以聖人標準善自身，莫以聖人標準善他人；以凡人標準原諒他人，莫以凡人標準原諒自己。」**

只要牢記這句箴言，上司和下屬之間就能夠建立輕鬆愉快的關係。

## 順應「潮流」◆

### 可以「孤獨」，但萬萬不可「孤立」

在日本，有一定年紀以上的人都應該聽過「男人一踏出家門，就有七個敵人」這句話。這句話用來形容外面的世界很嚴峻，但在現實生活中，有些人真的到處樹敵。

這種人的最大特徵，就是往往在工作上很強勢。他們的能力通常都不差，即使和他人之間有少許摩擦，也完全不放在心上，但這些摩擦是否會越來越嚴重，漸漸發展為阻礙？

一旦接到前所未有的大案子時，才發現四周都是敵人，甚至沒有人願意加入自己的工作團隊，部門內部也有不少雜音，很可能會聽到「既然凡事都想要按自己的方式進行才滿意，不如自己一個人做啊，別到現在才來說什麼團結一致」之類的反彈聲音。

當然，畢竟是在組織內，勉強組成工作團隊應該沒有太大的問題，但照理說應該同心協力的下屬竟然個個都陽奉陰違，口是心非，結果當然可想而知。

**領導者原本就很「孤獨」，但絕對不能「孤立」**，否則就無法發揮領導作用，只會讓自己越來越焦急、浮躁。

**凡事都有「情勢」，無論用再大的力氣都無法改變**，必須順應情勢而為。水遇到岩石，不會無謂地衝撞，而是稍微改變方向後，繼續前進，但是，並不會因為受到阻擋就迷失「目標」，最後還是匯入大海。

「順勢而為聽起來好聽，但說到底，不就是缺乏明確的自我主張嗎？」

你是否也這樣認為？**順勢而為和隨波逐流是兩回事**。瞭解情勢的方向，把握發展的速度，不和情勢唱反調，而是「帶著明確自我主張」融入情勢，順應情勢推動工作。這才是順勢而為。

有一句禪語叫做**「柔軟心」**，也就是要在人生中保持柔軟、柔和的心。毫不妥協地堅持自我的生活方式很勇猛，在周圍人眼中也顯得很瀟灑，但很容易導致內心僵化、不穩定。

這種心理狀態會讓視野變得狹窄，也會阻礙自己的行動，導致自己寸步難行。那些被所有下屬排斥、氣得跺腳的上司不正是如此嗎？

是否願意改變生活方式，帶著柔軟的心，像水一樣順應情勢呢？

chapter

3

# 不必追求伶牙俐齒◆

## 學會有誠意的「沉默」

我想在這一節中談談**「沉默的力量」**。

不知道現在的年輕世代是否知道日文中「口八丁手八丁」這句諺語，這句話是說一個人無論口才和能力都很厲害。不僅能言善道，而且精明能幹的人，在社會上當然很吃得開。

很多人都認為，能言善道有助於建立良好的人際關係，而且也可以推動工作順利進行。

讓人情不自禁深受吸引的談話技巧的確很有魅力，在工作上，也經常會遇到靠口才決定成敗的情況。

於是，很多人為自己口才不佳感到自卑，也成為缺乏自信的原因。從書店內充斥了「說話術」的書籍，也可以印證這一件事。

但是，禪宗思想認為並非如此。

有一句禪語叫做**「不立文字，教外別傳」**。真正重要的事，無法用文字和話語，佛教的真諦無法用（經典的）文字和（弘法的）話語傳達。

可以說，這是禪宗的根本原理。

我所設計的「禪庭」，尤其是「枯山水」主要由石頭和白沙構成。到底要把石頭配置在哪個位置，要配置幾塊石頭，白沙要形成怎樣的圖案（沙紋）……。

這些當然都是重要的要素，但「枯山水」還有另一個重要的要素，就是空無一物的空間，也就是**「餘白」**。

站在「禪庭」前所感受到的寂靜、深奧、平靜和寬廣，是由石頭、白沙和餘白共同醞釀、傳達的，在空間表現上，餘白也是一種不可或缺的「表現力」。

日本傳統藝能的「能劇」中，演員在舞台上不動的瞬間——「間隔」也具有重要的意義。當演員停止不動時，觀眾也屏息以待，感受其中的意義。

各位應該也清楚地知道，在古典藝能的落語❺表演中，都會在停頓的間隔爆發出滿堂大笑。

**如果要用文字來描述餘白和間隔，那就是「沉默」。**

**沉默具備了非常重要的表達能力。**

**有時候甚至可以比言語更能夠表達心情和想法。**

在工作的場合，比起滔滔不絕地介紹自家公司產品的優點，認真傾聽對方

❺即單口相聲。

的需求和希望，不是更能夠贏得好感嗎？

在推銷時，往往容易發生前者的情況，但站在客戶的角度，會覺得是在「硬性推銷」。

「好啦好啦，每次都大談特談『優點』、『好處』，完全不理會我的需求，這就叫硬性推銷啊。」

如果讓客戶產生這種感覺，好口才也無法發揮作用，可以說，徒有好口才，卻完全無法打動對方。

但是，如果是後者的情況，一定可以讓對方感受到某些東西。感受到什麼？客戶一定可以感受到「誠意」。有亮麗業績的業務員幾乎都屬於這種類型。

「這個業務員除了會認真聽我說話，還會努力回應我的需求……」一旦讓客戶有這種感覺，就必定可以建立信賴感。**當客戶覺得業務員「既然他這麼說，就很值得信賴」、「他說的話絕對不會錯」，就願意向他購買商品。如果**

**無法做到這一點，客戶就不願意掏錢購買。**

「信賴」不僅能在銷售工作上發揮重要的作用，而且也是工作中最重要的因素，相信沒有人會對此提出異議。

花言巧語無法建立信賴，有時候反而因為口若懸河，滔滔不絕，所以無法打動人心，充滿誠意的沉默更能夠建立信賴關係。當瞭解這一點之後，是否不會再勉強自己能言善道了？

禪宗中，有一個故事說明了沉默的力量。

**「維摩一默」**。維摩居士是在家修行的佛教信徒，他以默然無言，回應文殊菩薩的探詢。他的沉默被形容為**「維摩一默，聲如淵雷」**。

這個世界上，有些沉默可以像雷鳴般，令人留下深刻印象。

即使不擅長言詞也沒有關係，沒錯，完全沒關係！

## 調整呼吸◆

### 「禪呼吸法」可以消除心浮氣躁、垂頭喪氣

面對工作時，有時候會精神百倍、充滿鬥志；有時候即使士氣低落，意興闌珊，但仍然必須工作。

有時候工作上獲得成就，感到欣喜若狂；有時候被上司斥責，只能把苦水往肚裡吞；有時候對某些事忍無可忍，氣得火冒三丈。

心情會對行動造成影響。心情有起伏是很正常的事，但如果起伏太大，就

可能產生不利影響，很可能會讓人覺得——

「那個人很容易得意忘形，最好不要理他。」

「她情緒不穩定，整天變來變去，不必對她說的話太認真。」

禪語的**「平常心是道」**，說明了隨時保持穩定、平靜的心的重要性，必須**極力減少心情的起伏**。

想要保持心情平靜，就必須注意**「呼吸」**的問題。

禪宗中有一句話叫做**「調身、調息、調心」**，意思是調整姿勢、調整呼吸、調整心態。

這是三位一體，彼此有密切的關係。也就是說，在調整呼吸之前，首先必須調整好姿勢。**調整好姿勢，也調整好呼吸後，心態自然而然也會得到調整**。

**如果遇到令人怒不可遏的事，首先要調整呼吸**。

將意識集中在丹田（肚臍下方約七點五公分的位置），吐氣，將腹部的空氣全部排出。**重點是要將腹部的所有空氣都吐盡。**「呼吸」這兩個字，「呼」在前面，也就是先有吐氣。當把腹部的空氣充分吐盡後，即使不必刻意吸氣，也會自然地吸入空氣。

進行丹田呼吸（腹式呼吸）之前，首先要挺直背脊，保持端正的姿勢。如果身體向前傾，或是彎腰駝背，就無法進行丹田呼吸。**多次進行丹田呼吸後，因為生氣而緊張的肩膀就會放鬆，緊張的心情也會跟著放鬆，慢慢得到調整。**

於是，就能夠用輕鬆的心情面對對方，對於令自己不悅對象的言行，也能夠站在高處俯視，就會覺得和對方之間展開你來我往式的對罵太愚蠢了。

前面提到的板橋興宗禪師經常說：

**「不要讓憤怒的感情爬到頭上。」**

只要把憤怒「吞進肚子」，就不會因為生氣而情緒失控，說一些不必要的話，做一些事後感到後悔的事。事過境遷後，內心的憤怒也會漸漸消失。

板橋禪師還會進一步**在心裡默唸「謝謝你，謝謝你，謝謝你」**。原來如此，這麼一來，就可以徹底消除怒氣，保持心情平靜。

**各位也許可以為自己設計一句獨一無二的「咒語」平靜心情，可以是自己喜歡的話，也可以是一句療癒心情的話**。當然，也可以默唸禪語「平常心是道」。

除了憤怒的時候以外，**遇到喜事、開心的事，心情雀躍興奮時，也可以用「呼吸＋咒語」平靜心情**。喜悅的心情也必須控制，如果太興奮，會引起周圍人的反感。

我想起一句話，叫做「勝不驕，敗不餒」。

人生路上，要努力保持溫和的心，平靜的心。

## 改變家裡的「空氣」◆

### 從起床那一刻開始

想要每天心情平靜地過日子，必須具備幾個條件。**「有自己的容身之處」**應該是重要的條件之一。你有真正屬於自己的容身之處嗎？

有工作的人，一天之中至少有八個小時在工作，或許會覺得公司是自己的「容身之處」，但是，這和容身之處的感覺不太一樣。

因為通常來說，職場非但無法讓自己心情平靜，而且經常令人情緒激動、

chapter
3

緊張，心情也會起伏不定，很耗損神經。做生意就是公司內外的人展開激烈的競爭，所以，職場當然不可能成為讓自己安心的容身之處。

而且，如今裁員、中止派遣合約已經成了家常便飯，沒有人知道什麼時候會失去這個「容身之處」。

那麼，除了工作以外，度過了大部分時間的家庭是不是容身之處呢？這一點就更不確定了。如今，一家歡聚簡直成為夢想中的夢想，即使生活在同一個屋簷下，家人也很少交談，吃飯時也各懷心思、各想其事，在家裡的時候，也都各自做自己的事。這種情況似乎更符合現代家庭的實際狀況。

於是，或許會聽到有人說：

「每天下班之後，都會去喝一杯的串烤店是我的容身之處。」

原來如此。雖然在串烤店可以獲得短暫的安寧，但未免太寂寞了。

有一句禪語叫做**「歸家穩坐」**。

簡單地說，這句話的意思是，**只有回到家，舒服地盤腿而坐時，才能真正享受到心情平靜、舒暢的世界。**

以禪宗的本質而言，**「我家」這兩個字中包括了每個人內心所具備的佛性，也就是「原來的自己」的意思，**表示喚醒內心佛性的喜悅。

「家」應該是這樣的地方，是最適合成為自己容身之處的地方。

**各位是否願意靜下心，下定決心，重新檢視一下自己的家呢？**

「重建」或許並不是一件簡單的事，但「實踐」是禪宗的基本。與其抱著頭煩惱，心動不如行動，試著重建方針，從簡單的地方開始做起。

早晨起床後，大聲向家人打招呼道「早安」，如果家人為自己做了什麼，就說聲：「謝謝」，表達自己的感謝……

起初其他家人可能會覺得奇怪，「咦？這是怎麼了？」但只要持續一個星期、十天，家裡的氣氛必定會變得溫暖、柔和，這就是成功地為自己的容身之處奠定了基礎。

有一個關於百丈懷海禪師的故事，他因編纂規定禪宗修行方式的《百丈清規》而知名。

有一名禪僧問百丈禪師：

「如何是奇特事？」

禪僧向禪師請教，世界上什麼事最難能可貴？禪師回答說：

**「獨坐大雄峰。」**

也就是獨自坐在這裡，在這裡坐禪這件事，是世上最奇特的事。

大雄峰是百丈禪師擔任住持的地方，也就是寺院的所在地。對禪僧來說，寺院就是自己的家，最「難能可貴」的是，那裡（家）是可以充分安心的地方，當然是因為那裡是頓悟的地方。

家應該是最能夠令人安心的地方，**隨著時代的變化，這件事也變得越來越**

**「難能可貴」**。不妨想像一下退休之後的生活，一天之中，有一大半的時間都在家裡。

家是令人安心的場所，還是飄散著冷漠的空氣，今後的人生將會大不相同。可以說，兩者簡直就像天堂和地獄的差別。

所以，要從「現在」、「馬上」開始奠定基礎。

我一再重申，禪宗的根本在於「實踐」。

chapter 4

# 建立自在人際關係的訣竅

締結良緣、斬斷孽緣的方法

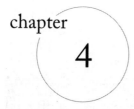

## 珍惜「緣分」◆

### 人的相遇絕非「偶然」

我們一輩子到底會遇到多少人？

每個人的情況當然各不相同。家庭、教育、生活、工作……等自己周遭的環境不同時，會有不同的結果。

無論如何，我們一輩子能夠遇到的人相當有限。全世界總共有七十三億人口，如果世界上有「相遇率」這個概念，相遇率的百分比的數字應該極小。

在七十三億人口中和某些人相遇，這簡直就是一種「奇蹟」。

**各位是否認為人和人之間的相遇是奇蹟呢？**應該有很多人認為，人和人之間，是因為偶然才會相遇。

但是，**當我們「和某人相遇」時，其中就有「某種緣分」**。佛教中認為這種「緣分」，這種「因緣」非常重要。我們在人生中，和許許多多的人擦身而過，只有和特別有緣分的人才能結緣。只有當同時具備了原因和緣分時，才能夠相遇。

比方說，春天到來時，會綻放各式各樣的鮮花。但是，即使是同一棵樹上的花，也並不是同時綻放，當溫暖的春風吹來時，只有含苞待放的花蕾才會綻放出花朵。

春風雖然吹在每一朵花蕾上，但是，當花蕾還很小時，春風吹來，也無法開花，只能望著春風離去。

首先必須有含苞待放的花蕾，具備開花的條件，同時把握春風這個緣分，將兩者相結合，才能得到開花的結果。

**所有事物的誕生都來自這種因緣，所有事物會在這個世界存在，也是來自這種因緣。這是佛教的基本思想。**

如果也從這個角度認識人和人之間的相遇，就會發現並非巧合和偶然，而是菩薩帶來的、奇蹟似的必然結果。

既然如此，就不能輕視任何一次相遇，必須帶著感恩的心，接受和那個人相遇的緣分。

有一句禪語叫做**「我逢人（我遇到別人）」**。

**所有的一切都從「相遇」開始，所以，必須重視和他人相遇這件事、能夠和他人相遇的地方，和他人相遇的態度。**

和禪宗有密切關係的「茶湯會」，也有一句話叫做**「一期一會」**。

這句話很有名，意思是，和他人相遇的這一刻，是無可取代、不可重來的寶貴時間。必須牢記這件事，和對方共度相處的時間。

只要抱著這種態度，就會珍惜所有的相遇，也會自然湧現對對方的感謝之情。

「很慶幸能夠遇到這個人。」

「能夠遇見到，真是太不容易了。」

必須帶著這份心，進一步加深和相遇的人之間的關係。

## 締結「良緣」◆

### 建立「良緣的正向循環」

**你是否締結了「良緣」？**

**還是結了孽緣？**

每個人來到世界時，內心都純潔無瑕，宛如明鏡。正如前面所提到的，佛教中認為**「一切眾生，悉有佛性」**，這個世界上所有的事物都具備了佛性。剛出生的嬰兒既沒有自我欲望，也沒有執著心，更沒有妄想。

但是，當我們身處各種不同的環境，和各式各樣的人接觸，累積各種不同的經驗後，心靈就會漸漸變得模糊。和他人的相處會對心靈造成很大的影響。

人和人之間是因為「緣分」而相遇、相識。

一旦結了良緣，就會帶來下一個良緣，進而發展出很多的良緣。

比方說，和某個人建立了良緣，在那個人的介紹下，又認識了很出色的人，然後又藉由那個人，締結了更多新的良緣。

這就是所謂的**「良緣的連鎖反應」**，由此可以建立對自己有幫助的，或是有助於提升自我的「良好人脈」。

但是，如果一開始就結下了「孽緣」，就會發生完全相反的情況，孽緣會不斷帶來孽緣，形成**「孽緣的連鎖反應」**。當自己猛然回過神時，發現自己的人生已經偏離了正道，走向了墮落的人生。

**想要締結良緣，平時就要做好充分的準備。**

要做什麼準備？

就是無論做任何事，都必須全力以赴。或許有人覺得很理所當然，但要貫徹這種態度，並不是一件容易的事。

人很容易追求輕鬆，覺得「稍微偷懶一下也沒關係」，一旦放棄努力，就會像從坡道上滾落般一發不可收拾，在每件事上都會偷工減料。

最後，在大家眼中就會變成「那個傢伙無論做什麼事都吊兒郎當，不負責任」。

任何人都不願意把自己的寶貴人脈介紹給被貼上「吊兒郎當、不負責任」標籤的人。無論再怎麼渴求，良緣都會敬而遠之；無論再怎麼避開，孽緣都會如影隨形地糾纏不清。

一旦被孽緣包圍，心靈會越來越模糊，失去安定，內心充滿了不安、煩惱和擔心。

有一句禪語叫做「**步步是道場**」。

我很喜歡這句話，無論身處何方，腳下的那裡就是「道場」，無論做任何事都是「修行」。

**在禪宗中，「行住坐臥」的一切都是修行，無論坐禪、吃飯、打掃、洗臉，都必須同樣認真仔細。**

在工作上，不能只有全力以赴對待重要的工作、賺錢的工作，對無趣的工作、不怎麼賺錢的工作就馬馬虎虎，這將會成為吸引孽緣上門的原因。

從某種意義上來說，這是一件相當可怕的事。

**「此刻」、「眼前」的工作，就是你必須全力以赴的工作，只要保持這種態度，就會自動帶來良緣。**腳踏實地做別人不屑做的工作時，必定會有人看到。

**有心人絕對會看到你的付出。**上司可能會說：「請你務必一起加入下一個案子」，於是，就可以加深和上司之間的緣分，開啟良緣的連鎖效應。

## 謙讓◆「您先請」是出色人際關係的秘訣

我因為擔任庭園設計師的關係，經常出國前往世界各地。在國外時，經常覺得「每個國家的國情真的大不相同」。

比方說，去中國的時候，看到路上的車子絕對不會禮讓想要進入自己車道的車子，但對方還是一次又一次挑戰，硬是擠進車道，完全體會到什麼叫「馬路如戰場」。

雖然感覺每個人的自我主張都很強烈，但在中國，這是「最合理的行動原理」，是符合中國國情、文化的生活方式。

如果在日本，凡事都堅持自我主張，一切以自己為優先，無論工作和人際關係都不可能圓滿。

雖然可以說是積極，但獨善其身、唯我獨尊的積極性，很難得到眾人的支持。

「反正那傢伙喜歡搶第一、出風頭，那什麼事都讓他去做好了。」

即使遇到需要他人協助的情況，也不會有人伸出援手。

我向來認為，能夠對他人說出**「您先請」這句話，發揮老二精神的人，才是最理想的位置**。暫時不要強出頭，先積極磨練自我，努力累積工作上的知識、技術和經驗。

**有實力的老二，即使自己不主動爭取，也會受到眾人的推舉。這才是真正**

**的實力**。不同於沒有實力，卻不顧一切爭取當老大的人，當受到眾人推舉時，眾人就絕對不會扯後腿。

不僅如此，當遇到困難時，眾人也會很樂於相助。**於是你會發現，具有統率能力的領導者，往往都是經常對別人說「您先請」的老二**。

在工作以外的人際關係中，「您先請」的精神，也可以為周圍帶來歡樂和幸福。電車上有一個空位，兩個人同時想要坐時，如果互不相讓，氣氛就會陷入緊張，但是，如果禮讓對方「您先請」，對方就會笑著道謝。

和朋友、同事一起去吃飯、喝酒時，不要搶先夾菜，而是請別人先用，必定會受到眾人的好評，「那個人真的很不錯」。

任何人受到禮讓時，都不可能不高興，而且不爭不搶的態度也讓人感覺從容自在。讓人覺得你很從容自在，不是很瀟灑帥氣嗎？

有一句禪語叫做**「和顏愛語」**。

第三章中，已經介紹了「愛語」，但其實「愛語」和「和顏」是對偶。這兩個詞彙來自《大無量壽經》這部經典，意思是和他人相處時，要和顏悅色，說話要善解人意。「無財七施」中，也有「和顏施」和「言施」。

前者是指要和顏悅色，笑臉相待，後者是指對人說話要善解人意，所以，只要實施「和顏愛語」，就等於同時布施了「七施」中的二施。

**持續禮讓他人的行動，就是實踐「和顏愛語」**。由於在日常生活中進行這兩項布施，所以周圍人都很歡樂、幸福，自己當然也就幸福快樂。

人生是一天又一天的累積，快樂度過每一天，就是在建立充實、美好的人生。

**請將「您先請」視為自己的行動準則。**

## 不必滿口「大道理」◆

### 「顧全對方的面子」很重要

許多人的人際關係在意想不到的地方受挫。

這是怎麼回事？

在此之前，先請問各位，是否聽過「雙贏（Win-Win）」這個詞彙？這是商場上經常使用的字眼，是在工作上，「不僅自己贏，也讓對方贏」，也就是互惠互利的關係和狀態。

雖然無從考證這句話是從什麼時候開始廣泛使用，但這個詞彙來自著有《與成功有約：高效能人士的七個習慣》等著作的美國知名經營顧問史蒂芬·柯維的思考。

用日文來說，應該就是**「顧全對方的面子」**，除了在商場上，在人際關係中，也不能忘記這種態度。

如果整天堅持自己才正確，完全不傾聽他人的意見，不久的將來，人際關係就會出問題，早晚會走向失敗。

「你說得不對，真搞不清楚狀況，應該是這樣才對！」

遇到這種深信自己才正確，強迫別人接受自己意見的人，誰都會退避三舍，敬而遠之。

**在說大道理的時候，都會表現出高人一等的態度，雙方在這種關係中不可能溝通，也不可能建立信賴。**

但這種類型的人並不少。

回想自己平時的言行，如果覺得「我好像真的經常堅持自己的意見和主張」，就需要好好反省，人際關係很可能在意想不到的地方受挫，到時候就會追悔莫及。

任何人都對自己說的話有相當程度的自信，也認為自己的意見很正確。但是，即使遇到和自己不同的意見和想法，如果劈頭就反對，顯然缺乏身為大人的見識。

**這個世界允許有各種想法和意見的存在。用這種態度接受對方的意見和想法，可以讓對方感受到你的「度量」。然後，在接受對方的基礎上，再心平氣和地表達自己的意見。**如此一來，既顧全了對方的面子，也不會造成彼此不必要的芥蒂。

這個世界上沒有完美無缺的意見和想法，而是存在各種不同的想法和意見。

接受對方的想法和意見，往往能夠發現自己想法中的不足和錯誤之處。

「顧全對方面子」並不是交出主動權，也不是扭曲自己。

相反地，**「顧全對方的面子」是人生的智慧，可以從中得到有效的啟示，為自己的思考增加寬度和深度，也可以促進人際關係的圓滿，讓工作獲得更理想的結果，自己也能夠因此獲得成長。**

當你顧全對方的面子時，對方也會帶著真摯的態度傾聽你的意見，彼此就能夠推心置腹，雙方都可以從對方身上學到某些東西，相處的氣氛也更融洽，人際關係當然就比之前更圓滿。

**毫不留情地駁倒對方後，內心只剩下「空虛的征服感」。**

你希望得到這樣的結果，還是顧全對方的面子，彼此建立切磋琢磨的關係？答案顯而易見。

## 每天和大自然相處十分鐘◆

### 心靈獲得解放的瞬間

「總之，我有很多事情要做……，為了完成這些待辦事項，轉眼之間，一天就結束了。」

現代人的生活節奏超級快，除了睡覺以外的時間，幾乎一整天都在「動腦筋」，刺激「感性」和「感覺」的時間大為減少。

**人和人之間的關係中，重要的不是知識和教養，而是感性和感覺。**在當今的社會中，人際關係之所以變得淡薄，容易發生齟齬，很可能就是因為目前這種使用時間的方式，導致人的感性和感覺都變得麻木的關係。

雖然我並不是腦科學的專家，但我認為必須讓大腦停止思考，才能活化感性和感覺。事實上，**一旦停止思考，就可以活化腦神經傳導物質血清素的分泌**。

於是，就能夠讓情緒穩定，心情平靜，感性和感覺更加豐富。坐禪時，可以充分感受到這一點，但普通人很難每天都坐禪。

所以，我推薦各位**「擁有感受大自然的時間」**。

「說得倒容易，在都市生活，很難感受到大自然……」

這句話也許有道理，生活在城市中，很難做到一走出家門，就接觸到大自然，但是，**必定能夠感受到「小自然」**。

早晨起床後，打開窗戶，走到陽台上，是否能夠聽到鳥啼聲和風聲？去附近的公園時，是否能夠在不同的季節，看到綻放各式鮮花的草木？入夜之後，是否可以看到窗外隨著時間的推移，呈現不同形狀的月亮？

**即使無法長時間感受自然也無妨，只要在力所能及的範圍感受自然，讓大腦放空。設法讓自己擁有這種「放空的時間」，就可以找回豐富的感性和感覺。**

有一句禪語叫做**「逢花打花，逢月打月」**。

這句話的意思是，看到花的時候，就充分感受花的美好；看見月亮時，就充分感受月亮。

也就是說，**把心放空，不要胡思亂想，把身心都交給大自然**。

如果早上的時間很匆忙，附近沒有公園，晚上也沒空看月亮……不妨在工作時抽十分鐘或十五分鐘的空檔，去辦公大樓的屋頂眺望夕陽，或是欣賞下方公園的綠意。

「太陽下山的時間一天比一天早了。」

chapter

4

「啊，公園內銀杏樹的樹葉開始變黃了。」

當你浮現這種念頭時，就是和大自然融為一體。用這種方式逐漸豐富自己的感性和感覺，就可以擺脫人際關係的困擾和煩惱，讓心靈獲得解放。

**不要整天都動腦筋，找時間磨練自己的感性和感覺吧。**

## 讓別人覺得「希望下次再見面」◆

### 向禪宗學習如何培養個人魅力

人際關係中有一項重要的原則。

關鍵就在於「**恕**」。

日本人可能沒看過、沒聽過這個字，但很多人覺得自己人際關係不順利，不擅長和他人交往。

但是，無論在工作上和在社會上生存，都需要和他人交往。

比方說，在工作上覺得「唉，和那個客戶見面真累人」時，談判和會議都不可能順利進行。在社會生活方面，如果覺得「人際關係很麻煩，一想到要去參加社區的聚會，就覺得很鬱悶」，就無法充分享受在地生活。

不擅長人際關係會帶來這些負面影響，而且，認為自己不擅長的這種意識也會造成很大的精神壓力。

「即使知道這些道理，但不擅長的事還是不擅長啊。」

你是否也有這種想法？

但是，我認為擺脫這種情況並不難。

關鍵就在於前面所說的「恕」字。

這個「恕」字來自《論語》，出自孔子的傑出弟子子貢和師父孔子之間的對話。子貢問孔子：「有一言而可以終身行之者乎？」

孔子曰：「其恕乎。」

恕的意思是「原諒」、「體諒」。孔子又繼續說道：

「己所不欲，勿施於人。」

很多人應該都聽過這句話，就是自己不喜歡的事，就不要加諸在別人身上。

這就是「恕」的精神。

人際關係的原則，就在於「恕」的精神。不希望發生在自己身上的事，就不能用來對付別人。只要能夠實踐這一點，人際關係就會發生變化。

「和對方約好見面，對方卻遲到了，我很生氣。」

「那個人態度很傲慢，看了很討厭。」

「他很容易發怒，我根本無法表達自己的意見。」

日常生活中，一定有很多事情讓你覺得「討厭」，只要你不對別人做這些你覺得討厭的事，就會發生很多良好的變化。

只要每次都嚴格遵守約定，就可以贏得對方的信賴；努力保持謙虛的態度，對方就會覺得受到尊重；心平氣和的說話態度，容易讓人產生親近感。

信賴感、（受到尊重的）滿足感、幸福感、親近感……都能夠對人際關係產生正面的影響，可以消除自己「不擅長」的意識。

然後，可以再進一步，**主動積極地為對方做一些自己受到相同對待時，會感到高興、感謝和幸福的事**。

比方說，去客戶的公司拜訪，離開時，對方恭敬地送自己離開令自己印象深刻；每次寄電子郵件，都會立刻收到對方的回覆；在開會時，如果有人來換茶，讓自己有幸福的感覺……**那就讓這些事成為自己的處事方法**。

雖然這是在模仿儒家的始祖，但就是要發揮**「己之所欲，樂施於人」的精神**。

只要實踐這件事，你一定可以充滿人性的魅力，任何人都希望和你交朋友。

道元禪師有一句禪語叫做「同時」。

**設身處地站在對方的立場，感同身受地體會喜悅和悲傷。**這句話也和「恕」的精神有異曲同工之妙。

如此一來，不是就消除了不擅長和他人交往的意識嗎？

chapter

4

## 「立刻」認錯◆除了口頭認錯，也要讓對方感受到誠心

至今為止，你和朋友之間寫下了怎樣的「歷史」？

認為和朋友之間在任何時候都心有靈犀、心靈相通的人恐怕並不多。

在多年的交往、相處中，發生感情不和，或是言語的誤會是理所當然的事，也可能因此導致感情失和，或是發生糾紛。

尤其是和「好朋友」之間，不可能從來沒有吵過架，重要的是吵架之後的

應對和事後處理。如果處理不當，很可能從此不相往來。

因為「奇蹟」的相遇，「有緣」才能成為朋友，卻因為處理不當而破壞了朋友之間的關係未免太可惜了，可以說，失去朋友就等於人生失去了一道色彩。

**「過則勿憚改」**。

這是《論語》中知名的格言，但要實踐這一點並非易事。即使知道自己犯了錯，仍然不願意輕易道歉。尤其是彼此的交情越好，就越覺得「我怎麼好意思向他低頭？」

但是，《論語》中還有一句話——

**「過而不改，是為過矣。」**

犯了錯而不道歉、改正，才是真正的過錯。當遲遲不道歉時，彼此的關係越來越僵，最後很可能惡化到無法言歸於好。

**道歉一定要「立刻」、「直接」，這是道歉的原則。相信各位也曾經有過類似的經驗，凡事只要時間一久，就越難處理。**道歉尤其是如此。

只要立刻道歉，就可以輕鬆修復彼此的關係，但時間一久，就會越來越困難。只要稍微發揮一下想像力，推測對方的心情，就不難瞭解這一點。

「如果他立刻道歉，這根本是微不足道的小事……」，漸漸變成了「那傢伙怎麼了？難道不知道自己傷害了我嗎？」進而覺得「難道他就是這種人嗎？我看錯這個人了！」最後甚至會變成「原來他就是這種人！從此橋歸橋，路歸路，一刀兩斷！」

當面道歉也是重要的關鍵。

有一句禪語叫**「面授」**。

這句話原本的意思是，重要的思想無法用文章和言語傳達，而是由師父當面向弟子傳授。

這個道理完全可以套用在道歉這件事上。

如今人手一機，用通訊軟體對話已經成為溝通的主流，但是，通訊軟體並不具備能夠確實將自己內心真實的想法、情感傳達給對方的「功能」。

換一個立場，想像一下如果是你希望對方道歉的情況。當對方傳一封簡訊說「上次的事我錯了」，你能感受到對方道歉的誠意嗎？第一個念頭是不是覺得「搞什麼啊，竟然用簡訊道歉！」

**不光是道歉，任何真實的想法都無法光靠語言表情。感謝的心情、感動的心情、同情和體諒對方的心情都要當面傳達。**因為語言結合表情、聲音，以及當時的肢體語言，才能夠傳達內心的真實想法。

所以，只有當面才能說清楚。

chapter

4

# 「毫不猶豫」求助◆

## 一定有人願意伸出援手

有一句禪語叫做「開門福壽多」。

這句話的意思是，**只要毫不隱瞞，開誠布公，就會有很多好事。**

遇到了傷心的事。發生了痛苦的事。遭遇到自己無法解決的困難……都不需要獨自默默承受。

**越是痛苦，越是難過，越是要說出自己的想法和感受。想要尋求他人幫助**

**時，不要獨自煩惱，要勇於開口求助。**

日本人是謹言慎行、刻苦耐勞的民族。

這當然是值得驕傲的優點，但有時候這種民族性也會造成自己的痛苦。最典型就是老人的長期照護問題。隨著人口結構的高齡化，日後將有越來越多老人需要長期照護，長期照護工作的確給負責照護的家人造成了極大的負擔，但是，日本人都會把這種負擔扛在身上。

「因為是自己的父母，因為是自己的丈夫或太太，所以當然得由我來做……」

無論再怎麼辛苦，再怎麼痛苦，都會默默繼續照護，最後，變成由老人照護老人，當最終無法再負荷時，就發生照護者虐待被照護者這種令人遺憾的社會事件。

最大的問題在於照護的環境並不完善，當然是因為政府在這方面的政策落後，但如果期待政府，可能永遠都看不見出路。

在工作上，也經常有難以忍受的痛苦。過勞死就是全心全力地拚命工作，最後終於被工作壓垮；職權霸凌和人際關係的摩擦導致憂鬱症的情況，也是超過了忍耐的界限。

**遇到問題時，千萬不要獨自煩惱，必須毫不猶豫求助。**只要能夠吐露苦水，心情就會變輕鬆，而且一定有人會向你伸出援手。

「當有人共同分擔痛苦時，就變成了喜悅。」

這是諾貝爾和平獎得主德蕾莎修女說的話。坦誠地把內心的痛苦說出口，願意共同分擔這種痛苦和辛酸的人一定會聽到你的聲音，當有人共同分擔時，痛苦就變成了喜悅。

不要再猶豫、遲疑了。

**此刻，你想對別人說什麼？**

# 成為傾聽高手◆

## 人際關係需要「相互扶持」

「那傢伙整天抱怨，真受不了他。」

「我再也不想聽她吐苦水了！」

到處都有這種人，讓人有這種感覺。

無論是輕鬆的聊天，還是嚴肅的談話，就像玩接球遊戲一樣，你一言，我一語的對話方式，才是溝通的美妙之處。但在現代社會中，無論在工作上，還是私生活中，通訊軟體已經成為溝通的主流，溝通時看不到對方，喪失了原來對話的機會，想要表達的事和不滿也都一直壓抑在內心。

所以，有時候你需要找人訴苦，有時候也要傾聽別人向你訴苦。雖然整天訴苦讓人傷腦筋，但**偶爾抱怨、訴苦一下，消除精神壓力，是現代人不可或缺的「生活智慧」**。

對訴苦的人來說，最希望有一位「好聽眾」。當自己一吐為快時，對方一副「搞什麼啊，原來是發牢騷」的表情，滿臉不悅，或是心不在焉，非但無法消除內心的鬱悶，反而越說越有壓力，甚至可能陷入自我厭惡。

想要當一名好聽眾，就不能打斷對方的話或是插嘴，不時確認對方說話的內容，表達自己的感想，並不時表達共鳴。

「如果我遇到這種事，可能也會忍不住發火。」

「我非常能夠理解，這當然會生氣啊。」

當對方知道自己認真傾聽，就覺得找對了訴苦的對象，也有助於消除壓力。

當你是一名好聽眾時，對方也不吝於「禮尚往來」。當你覺得「今天我想要好好訴苦」時，對方也願意當一名好聽眾。

**相互扶持，消除壓力向前走，才是促進人際關係圓滿的「智慧」和「訣竅」。**在彼此需要的時候能夠相互訴苦，也能夠加深良好的人際關係。

有一句禪語叫做**「清風拂明月，明月拂清風」**。

清新的風和明亮的月光都很美，有時候相互襯托，互為主角，讓彼此顯得更美。

套用在人際關係上，**人在朋友的協助下，可以活得更有意義，同時，也要協助朋友活出更美好燦爛的人生**。並不是只有激烈討論，或是進行高尚的對話時，才能讓彼此活得更有意義、更美好。

相反地，遇到朋友願意傾聽自己訴苦時，更覺得因為有這樣的朋友，讓自己的人生活得更美好。

前面也曾提到，佛教中有「無財七施」的布施方法。

**「心施」**就是其中之一。

心施就是心存和善，真誠待人。願意用自己寶貴的時間傾聽他人訴苦，當然是心存和善，真誠待人的行為。任何時候都可以實踐布施，布施是重要的修行之一。也就是說，**傾聽他人訴苦，也可以磨練自己的心靈，讓你更有「度量」**。

比方說，和公司的同事之間，既然是重要的工作夥伴，可以偶爾聽對方訴苦，自己也可以向對方訴苦。

## 不以利害得失作為判斷基準◆

### 不算計的人際關係才能綻放光芒

人生路上，面臨很多重要大事和岔路。

任何人面對人生大事，走到十路路口時都會猶豫、煩惱和不安。因為遇到這些狀況時，都必須做出「選擇」。在選擇時，需要有「判斷基準」，判斷基準當然和每個人的價值觀有密切的關係。

比方說，在選擇工作時，通常「喜歡這份工作」、「我一直想做這份工作」

會成為判斷基準，但最近的情況似乎和以前有很大的不同。

薪水高、福利好、有很多休假、工作輕鬆、熱門行業、公司在很時尚的地點……這些因素也成為判斷的基準。

這些傾向的背後，可以看到**「利害得失」的「標尺」**。也就是說，薪水高是得，薪水低是失；休假多是得，休假少就是失；熱門行業是得（比方說，可以增加異性緣）、辛苦不起眼的行業是失（因為沒有異性緣）……

很多人在人際關係中，以這種「利害得失」的「標尺」來衡量，和他人交往時，也不斷思考自己到底是吃虧還是佔便宜。

「我在一個偶然的機會認識了他，沒想到他是○○的董事長？那不是我們公司的老客戶嗎？那一定要和他搞好關係，明天就打電話給他。」

「原來是下游廠商的人，那就和他保持距離。」

如果對方對自己的工作有幫助，或是可以讓自己得到某些好處，就積極建立人際關係；如果對自己沒有太大幫助，就冷漠以對，不理不睬。

在私生活中，遇到出手闊綽，經常請客的人就笑臉相迎；遇到對自己沒有任何幫助的人，就態度冷淡。

做生意當然不能只是說漂亮話，任何人都或多或少會有這種算計和想法。但是，**不能把利害得失視為人際關係的「前提」**。

如果因為對方對自己有幫助而去攀附某人，結果往往會很悲哀。因為自己不敢得罪對方，所以整天阿諛奉承，態度和舉止當然就會變得卑微。於是，彼此之間的人際關係就變成了明確的上下關係、支配和被支配的關係。

在這種情況下，內心會越來越疲勞，喪失活力，失去自信，也無法綻放生命的光彩。

有一句禪語叫做**「至道無難，唯嫌揀擇」**。

至道就是求法悟道之路的意思。無難就是並不困難，揀擇就是慎重考慮後做決定。唯嫌就是唯獨討厭這件事。

大家通常認為求法悟道是很嚴苛的修行，但其實並非如此。這句禪語的意思是，**求法悟道並非高不可攀，但唯獨不可以憑感覺判斷、選擇和挑剔**。

對禪僧而言的求法悟道，就像普通人追求讓人生綻放光芒的生活方式，追求幸福之路，所以，人生路上不能憑感覺判斷、選擇和挑剔。

用「利害得失」作為「標尺」就是最典型的憑感覺判斷、選擇和挑剔行為。

如果用這把標尺衡量一切，當然不可能創造真正良好的人際關係。無法擁有美好的人生，更不可能讓自己的人生發光、得到幸福。

有一句禪語叫做**「放下著」**。

這句話的意思就是要**拋開一切。拋開這個，拋開那個，通通都拋開**。

最先應該拋棄的，不正是「利害得失」的「標尺」嗎？

只要拋棄了「利害得失」的「標尺」，就可以清楚認識到人生中重要的事物。

chapter 5

# 改變「煩惱方式」，人生更順遂

關於錢、老、病、死……

## 關於「金錢」◆

### 欲望無窮，才會痛苦

釋迦牟尼佛說過這樣一句話：

**「即使把整座喜馬拉雅山都變成黃金，也無法滿足人的欲望。」**

這句話證明了人類的欲望無窮。

人類最典型的欲望，當然就是對金錢的欲望。

追求金錢沒有止境。當我們想要買東西，為了得到某樣東西，就開始存錢。

這是和金錢的基本關係。

但是，一旦得到了那樣東西，就想要更好的東西，於是就想要有更多錢。最後，即使沒有特別想買什麼東西，仍然會持續追求金錢。於是就被金錢所困，成為金錢的奴隸，失去了自由。

人生應該是做自己想做的事，努力發揮自己的專長，對社會有所貢獻，因此得到金錢的報酬。

**我們並不是為金錢而活，人生的目的是做自己想做的事、發揮專長，和對社會有貢獻，並不是為了金錢**。一旦本末倒置，人生註定會很空虛。

有一句話叫做**「少欲知足」**。減少欲望，就容易知足。釋迦牟尼佛臨終教誨的《佛遺教經》中，曾經談論少欲知足。

「知足之人，雖臥地上，猶為安樂；不知足者，雖處天堂，亦不稱意。不知足者，雖富而貧。」

這段話翻譯成現代文就是「**知足的人雖然一貧如洗，睡臥泥地，內心仍然安樂幸福；不知足的人即使生活在如天堂般的宮殿，也無法感到滿足。不知足的人無論再怎麼富裕，內心仍然貧窮，窮得只剩下錢**」。

事實上，只要覺得「已經足夠了，感謝我所擁有的一切」，即使身居陋室，粗茶淡飯，心靈也很富足。相反地，如果經常覺得「這怎麼能滿足我」，無論住多大的豪宅，即使每天山珍海味，內心也很貧窮。

有些人崇尚名牌，無論買再多，仍然無法感到滿足。每次有新品上市，就忍不住「想要、想要」，心情當然無法平靜，甚至可能走向犯罪。從某種意義上來說，這種生活方式如同地獄。

有些人並不在意名牌，而是購買自己真正喜歡的東西，買了之後倍感滿足，並持續使用，漸漸產生了感情，心情也能保持平靜。

日本有一句格言——

chapter

5

**「站著半帖，躺著一帖。奪得了天下，也只有兩合半。」**

這句話的意思是，無論再怎麼了不起的人，站著的時候，有半張榻榻米的空間就足夠了；躺著的時候，一張榻榻米的空間就綽綽有餘。即使奪得了整個天下，每餐最多只能吃兩合半的米而已。

**說到底，人生就是這麼一回事。**

**你想要成為知足的人，還是永不知足呢？**

你的人生，由你來決定。

## 關於「年歲增長」◆

### 懂得寬容是一件幸福的事

「最近的體力大不如前……」

「和以前相比，精力真是差多了……」

雖說年歲的增長是人生年輪的增加，但每個人的年輪有多少價值，卻並非固定。

尤其當遠離了工作第一線，展開退休生活後，很多人都覺得內心空虛。

於是，整天無所事事，幾乎都對著電視發呆。

以前曾經用「溼落葉」這三個字來揶揄退休後的丈夫。地上的落葉已經枯萎，一旦被淋溼的落葉沾到，甩都甩不掉。曾經在商場上奮鬥的企業戰士在退休後整天垂頭喪氣，跟在妻子身邊打轉的樣子和「溼落葉」無異。

這種情況聽起來就令人悲哀。我在前面也提到，即使工作退休了，但人生並沒有退休。

不要覺得「我也老了……」，而是要有「我要展現熟年的魅力！」的氣勢。

人生走過一大半之後，和年輕人相比，會有很多豐富的經驗，也曾經遇過各種情況，甚至可能安然度過了大風大浪。

透過這些經驗的自我磨練，可以使人心更加開朗、寬容。**血氣方剛的年輕時代無法原諒的事，有了一定年紀之後，就會覺得「反正就讓我遇到了」；面對難以接受的想法，也漸漸能夠接受，覺得「原來還有這種想法」**。多年的經驗累積，才能夠培養這種開朗、寬容的心，這也正是熟年的魅力。

中國南宋時代的禪宗語錄《碧巖錄》中，有這樣一句禪語：

**「老倒疏慵無事日，閑眠高臥對青山。」**

這句話的意思是，**現在年事已高，整天慵慵懶懶，對塵世的事沒有任何執著和眷戀。不受束縛，也沒有任何執著，躺著欣賞青山綠水，是最大的快樂。**

這正是開朗的心的極致寫照。**一味緬懷已經逝去的年輕歲月，才會產生焦躁和不安。**即使再怎麼掙扎也無濟於事，不妨接受年老的事實，享受自在的退休生活。

作家田邊聖子女士曾經說過——

**「對人的知識有越來越深入的瞭解，不正是年老的樂趣嗎？」**

擁有累積多年的經驗，擁有越來越深入瞭解的知識，用欣賞的態度觀察年輕的世代。

chapter

# 5

你也可以帶著這份開朗的心，開心過日子。

## 關於「年華老去」◆

### 向禪學習儀容、姿勢和呼吸

我經常說：「淡然接受年華老去很重要。」

雖然要淡然接受自己年老的事實，但有些問題，還是必須多加注意。

**儀容**就是一件重要的事。不能因為幾乎都在家，就整天穿運動衣。有人甚至把運動衣當睡衣，或是去附近便利商店時，也穿著運動衣出門。

**儀容會影響心情。儀容整潔，姿勢也會端正。只要姿勢端正，就可以挺起**

**胸膛，用力深呼吸，心情也更加振作**。在前面第三章中，已經介紹了「調身、調息和調心」。

除此以外，隨著年齡的增長，要更具有「**幽默精神**」。幽默可以營造輕鬆、開朗的氣氛，是人際關係的潤滑劑。

只有思考富有彈性，才能在談話中不時發揮幽默感，同時，還需要及時掌握社會動態，具備豐富的感性。

仔細思考一下就會發現，這些都是能夠充分享受老後生活的要素。

紀伊國屋書店的創始人、優秀的散文家田邊茂一先生是眾所周知的文人雅士，有不少關於他發揮幽默感的故事。

有一次，田邊先生在酒吧喝酒，遇到了落語家立川談志先生。抬頭一看，發現談志先生腋下夾著書。談志先生說：「我剛才去你那裡（紀伊國書店）逛了逛。」田邊先生立刻回答說：「喔，太棒了，男子的夙願❻雖然細節有點記

❻男子和談志的日文發音相同，夙願的日文讀音和買書的讀音相同，所以「談志買書」這句話剛好表達了「男子的夙願」的意思。

不太清楚了，但這就是所謂「灑脫的幽默」。

也有一則關於談志大師的故事。

談志大師年輕時，曾經和也是落語家的三遊亭圓樂大師一起去海邊出遊。當他猛然抬頭時，發現在海上玩耍的圓樂大師快要溺水了。大事不妙了。沒想到談志大師非但沒有上前營救，反而悠然地坐在原地，欣賞圓樂大師溺水的樣子。

圓樂大師被其他人救了起來，總算平安無事，他理所當然地跑來責罵談志大師：「你為什麼不來救我！」談志大師一派輕鬆地回答說：「如果你我都死了，落語界就完了。至少我還活著，問題就不大。」

這是很極致的黑色幽默，雖然我對這個故事的細節也不太有把握，但這是真實發生的事。

想像當時的畫面，嘴角就不由得上揚，露出笑容，也就成功地緩和了氣氛。

chapter

5

**千萬別小看幽默的效果。**

我一再重申，禪宗的本質是「實踐」，不要擔心別人嘲笑你的冷笑話，接連不斷地發揮幽默感。

# 關於「戀愛」◆

## 「八分飽」的戀愛剛剛好

雖然談戀愛的問題有點害羞，但我還是鼓起勇氣，稍微談一下我的想法。

**戀愛要謹守「八分飽」的原則。**

雖然聽起來像禪問答，但我說的八分飽的意思是——

**「不要要求對方完美」**。

身處戀愛的漩渦中，很容易要求自己和對方一致。

希望對方百分之百瞭解自己；希望自己百分之百瞭解對方。但是，兩個人出生在不同家庭，生長的環境也不同，接受的教育、周圍的人際關係……所有的一切都不相同的兩個人，根本不可能百分之百瞭解、百分之百理解彼此。**彼此不同是理所當然的事。千萬不能忘記這種感覺。如果能夠相互理解百分之八十，維持「八分飽」的狀態才恰到好處，戀愛才能順利。**

相反地，如果能夠理解對方百分之八十，就代表彼此非常合得來。

當對方身上有百分之二十「想不透的領域」時，才能維持對對方的興趣（愛情）。

任何兩個人不可能百分之百相互理解，即使真做到了百分之百，當初相遇時，認為對方身上的新鮮魅力也會逐漸褪色。

如果只能理解對方百分之五十，不妨認為結婚、戀愛很難持續下去。因為當你覺得對方「和我很不一樣」時，就代表彼此的價值觀有很大的差異。

戀愛初期，「外表」往往成為很重要的因素。「帥氣」、「漂亮」、「可愛」、「瀟灑」……等因素，往往成為喜歡對方的原因。

外表成為戀愛的契機當然無妨，但**如果在交往過程中，發現彼此的價值觀不同，最好能夠停下腳步**。如果只憑第一印象就結婚，價值觀的差異很可能成為夫妻失和的原因。

比方說，在用錢方面，如果一方省吃儉用，積極存錢；另一方卻花錢如流水，也就是所謂「不留隔夜錢」的人，會有怎樣的結果？

雖然剛開始雙方都稍有不滿，但會極力忍耐，只不過忍耐不可能持續太久，早晚會發生衝突，最後必然會分手。

時間的問題也一樣。如果其中一方喜歡假日時悠閒地聽音樂、看書，另一方覺得休假就應該外出逛街、吃飯，兩個人生活在一起，必定會對彼此心生不滿。

在飲食的喜好方面，如果一方喜歡高熱量的油膩食物，另一方喜歡清淡的日式料理，兩個人很難一起享受美食樂趣。

**俗話說：「戀愛是美麗的誤會，結婚卻是殘酷的理解。」**

**只要從戀愛時就保持百分之八十的「八分飽」，就可以顛覆這句話。**

## 關於「夫妻」◆

### 「感謝」有助於建立圓滿的夫妻關係

婚姻生活一久，夫妻之間的對話也漸漸減少。可能彼此都視對方為「空氣」，所以認為也不需要溝通。如果丈夫在家裡對妻子說的話只有「洗澡」、「吃飯」和「睡覺」，也未免太寂寞了，似乎可以感覺到夫妻感情的裂痕。

當然，也有的太太說：

「我老公回家後話很多，但幾乎都是抱怨。一下子抱怨上司，一下子又抱怨客戶……。雖然他一吐為快，消除了壓力，但經常聽他說這些，我簡直受夠了！」

太太說的這番話也很有道理，難怪有的太太覺得「最希望老公身體好，卻別待在家裡」。

但是，仔細想一下丈夫在太太面前吐苦水這件事的意義。丈夫並不會隨便在任何人面前吐苦水，比方說，會在公司向其他同事抱怨嗎？

雖然不能說完全沒有這種人，但一旦這麼做，在公司內的風評就會急速下降，其他同事一定會對他說：「真是聽不下去了，既然這麼不滿，那就趕快辭職走人啊。」所以，即使有再多想說的話，也會拚命忍耐。這是大部分丈夫出門在外時的態度。

**人只有在信賴的人面前才會吐苦水**。這等於在表明心跡，認為即使在對方面前曝露真實的想法也沒有關係，也很安心。

吐苦水背後隱藏了「我發自內心信賴妳」的真切想法。當瞭解這一點之後，是否就有了不同的感受？

有一句禪語叫**「露」**，代表曝露一切，毫不隱瞞的意思。「茶湯會」和禪宗有密切的關係，通往茶室的庭院稱為**「露地」**。

露地可以讓心靈完全放空。沿著露地走向茶室時，可以將心靈放空。茶室的客人都是武士、文人、商人……平時在社會上有不同的身分和地位，每個人的心都穿上了適合自己身分的盔甲。

露地的意義就在於要求茶室的客人**「暫時拋開身上的一切」**。拋開身上的一切，帶著袒露的心，走進茶室這個人間佛國，超越身分和地位的藩籬，彼此心靈相通。這就是茶聖千利休設計的「茶湯會」世界。

雖然吐苦水無法和「茶湯會」相提並論，但**吐苦水基於對對方的信賴，袒露的心迸發出的真心話**。如果丈夫開始吐苦水時，覺得他「又來了！」未免太可憐了。

但是，如果身為丈夫的人，希望太太主動意識到在她面前吐苦水，是基於對她的信賴，也未免想得太美了，必須在日常生活中傳達這種信賴感。

如果每天下班回家板著臉，什麼話都不說，太太當然頭也不回地繼續躺在沙發上看電視。如果回家時大聲說：「我回來了！」太太也會到門口迎接，對你說聲：「你回來了，辛苦了。」

**禪宗要求「坐而言，不如起而行」，不要光想不做，在日常生活中，就要努力傳達對太太的信賴感。**

當太太做完晚餐，或是倒茶時，說聲「謝謝」，也是實際行動之一。在花大錢買東西之前，和太太商量一下也是表達信賴感的方式之一。請各位從今天開始立刻行動，為自己創造可以盡情吐苦水的環境。

## 關於「親子」◆

### 過度干涉才會導致擔心不已

和以前相比，現在的親子關係有了很大的變化。

最大的差異，應該就在於「照顧的方式」不同。以前每個家庭都有很多孩子，而且經濟條件也比較差，所以父母幾乎沒什麼時間照顧孩子。

於是，家裡的哥哥、姊姊通常都要照顧弟妹。

小孩子在和父母保持適當距離的環境下很自然地學會了獨立，在兄弟姊妹的關係中，學會長幼有序、照顧弱者等人生中的重要「智慧」。

如今，隨著少子化加速，每個家庭的孩子人數大為減少，很多父母都全心全意地照顧孩子。

而且，升學熱潮又使這種情況更加嚴重。只要聽話，乖乖讀書，父母會幫忙張羅其他的大小事，這種親子關係已經不再是「特殊」現象。

通常認為時下的年輕人無法靠自己的判斷行動，在別人下達指示之前，不會採取任何行動……。這種傾向的根源，就在於他們從小就生活在這樣的親子關係中。

我曾經聽到一件很誇張的事。

這是發生在神奈川縣某個警察分局的「奇事」。新的分局長即將到任，分局的所有成員都一起迎接他的到來。分局長通常都由被稱為特考組的警界菁英擔任，在分局累積多年經驗後，再回到縣警總部擔任要職，所以很多分局長的年齡只有三十歲左右。

在新任分局長致詞時，站在麥克風前的竟然是分局長的母親，這位母親竟然拿起麥克風開始演說：「我兒子這次……」分局成員的反應可想而知，每個人都嚇呆了，完全說不出話。

這位母親很有問題，但兒子也有問題。即使母親無法放手讓兒子獨立，要求和兒子一起前往，正常人都會斷然拒絕「妳在想什麼啊！」那個擔任分局長的兒子沒有這麼做，難以想像他已經長大成人，而且要領導數十名、甚至數百名警察。

我當然無意說這種情況很普遍，但在許多地方，都發生了類似的事，只是程度稍有不同而已。

我深刻體會到，過度的干涉會毀了孩子。

**佛教認為「貪」、「瞋」、「癡」是三毒，是必須克服的三大煩惱，這三**

**者的意思分別是「貪婪的心」、「憤怒的心」和「愚昧的心」。**

對孩子的過度干涉就是「癡」毒。

佛教中有這樣一句話：

**「愚蠢的人認為孩子屬於自己，財寶屬於自己，所以會感到痛苦。就連自己都不屬於自己，為什麼孩子和財寶會屬於自己？」**

父母之所以會對孩子過度干涉，不就是認為孩子「屬於自己」嗎？立刻拋開這種愚昧的心，才能建立正確、輕鬆而又清楚的親子關係。

## 關於「死亡」◆

### 「死亡」這件事，就交給上天來決定

人生邁入晚年，即使不想面對，「死亡」這件事也漸漸有了真實感。當父母到了啟程前往另一個世界的年紀時，就會感到死亡離得更近。

在此之前，雖然也曾經參加過公司同事、朋友的父母的葬禮，也曾經發自內心地表示哀悼，但仍然對死亡沒有真實感。

「以前我參加過好幾次葬禮，也對家屬表示哀悼，但其實完全無法瞭解家

屬的心情。直到送走父母之後，才終於知道失去親人是這種感覺。」

曾經有很多人對我這麼說。在送走父母之後，才真正體會到死亡，那個年齡也成為自己的人生指標之一。我清楚記得，當我的父親活到我祖父去世的那個年紀時，他對我說：

**「接下來的人生是撿到的。」**

對我父親來說，他的父親去世的年紀的確成為一個指標。在這個年齡之前，努力地生活，過了那個年齡，之後的人生就像是意外「撿到的」。

當自己來到父母去世的年紀時，可能每個人都覺得「啊，我人生的除夕快到了」。

道元禪師寫了《正法眼藏》，並將其中特別重要的部分用通俗易懂的方式，歸納成五章三十一節的內容，成為在家信徒也能理解的《修證義》，開頭的部分有這樣一句話：

**「明生明死，乃佛家因緣一大事也。」**

對佛教人士而言，最重要的事就是明確生是怎麼回事，以及明確死亡的意義，並明確該如何加以接受。道元禪師還說了這句話：

**「活著的時候就徹底地活，死的時候就徹底地死。」**

大家是否覺得禪的世界很費解？但其實並不是很困難。活著的時候想到死，人就會感到不安，感到恐懼，因為覺得死亡就是生命的終結，生命的毀滅。

有一句禪語叫做**「前後際斷」**。

每一剎那都是絕對的，和前後毫無連結。生和死也都是絕對的，生並不是死亡之前的樣子，死亡也不是生命結束之後的姿態。

徹底地活，就是努力生存，充分享受絕對的生命。**我們對死亡無能為力，所以就交給上天**。只要徹底地活，絕對的死終將來臨。——這就是道元禪師想要表達的意思。

活著的時候，就只要專心活著這件事，沒有對死亡的不安和恐懼。

前面曾經提到的宮崎奕保禪師在一百歲之後，仍然和年輕的禪僧一起修行，在一〇六歲時壽終正寢。宮崎禪師曾經說：

**「原本以為大悟就是覺得自己隨時都可以死，但我錯了。帶著平靜的心情活著才是大悟，帶著平靜的心活著是一件困難的事。死的時候，閉上眼睛就死了，所以，能夠平靜地活著的時候，就好好平靜地活著。」**

禪師所說的「平靜地活著」正是「徹底地活」。

平靜地活著的確是「一件困難的事」，但應該成為努力的目標。因為安詳的、絕對的死亡就在前方。

## 關於「臨終」◆

### 你會留下什麼「臨終遺言」？

**當你來到人生的最後階段，如果想要留下遺言，你會留下什麼遺言？**

我服務的寺院中，有一位施主在臨終時，留下了「萬歲」這兩個字。從這兩個簡短的字中，不難瞭解到他在人生中完成了所有自己想做的事，沒有任何遺憾。

但是，要做到這種境界並不容易。聽說江戶時代的仙崖義梵禪師辭世的遺言是「我不想死」。仙崖義梵的生活方式自由奔放，曾經用狂歌諷刺美濃國新任家老（家臣之長）的惡政。

「以為不錯的家老，卻很糟；還是原來的家老比較好。」

正因為他是這樣的人，所以讓人納悶不知是否按照字面的意思理解他的辭世遺言，其中是否隱藏了什麼深奧的意義？

禪僧在每年年初，都會用漢詩的方式寫下自己的心境，稱為「遺偈」。目前這個傳統已經漸漸被人遺忘，但每年寫下的遺偈，終將有一年，變成臨終的遺言。

我父親也有寫遺偈的習慣。

除草調清境，

是八十七年。

惟為建功盡，
信步靜安禪。

他將自己的名字「信步」和擔任住持的建功寺的「建功」寫入遺偈中，似乎可以從中緬懷我父親的人生。

**各位是否也願意在每年新年時，寫下當時的想法**。當然不需要意識到死亡這件事，不妨寫下自己的抱負，希望那一年是怎樣的一年，希望自己怎麼過，也可以寫下當時浮現在腦海的雜感。

也可以像每年十二月十二日在京都清水寺發表的「今年的漢字」一樣，在年初寫下一個代表自己心境的漢字。

人終有一死，只是不知道這一天什麼時候出現。當你離開的時候，家屬最想知道的，應該就是逝去的親人的「想法」。

「啊，原來他在想這些事，原來他是這麼想的。」

如果能夠從逝去的故人在年初寫下的話中，瞭解故人的想法，家屬更能夠帶著深厚的感情送故人離開。

**你是否願意養成在新年寫「遺偈」的習慣呢？**

# 你所煩惱的事，有九成都不會發生

你所煩惱的事，有九成都不會發生/枡野俊明作；王蘊潔譯. -- 初版. -- 臺北市：春天出版國際，2016.01　面；　公分. -- (Better ; 3)
譯自：心配事の9割は起こらない：減らす、手放す、忘れる「禅の教え」
ISBN 978-986-5607-09-8(平裝)
226.65　　104027616

心配事の9割は起こらない：減らす、手放す、忘れる「禅の教え」

Better 03

作　　者◎枡野俊明
譯　　者◎王蘊潔
總 編 輯◎莊宜勳
主　　編◎鍾靈
出 版 者◎春天出版國際文化有限公司
地　　址◎台北市信義路四段458號3樓
電　　話◎02-7718-0898
傳　　真◎02-7718-2388
E－mail◎frank.spring@msa.hinet.net
網　　址◎http://www.bookspring.com.tw
部 落 格◎http://blog.pixnet.net/bookspring
郵政帳號◎19705538
戶　　名◎春天出版國際文化有限公司
法律顧問◎蕭顯忠律師事務所
出版日期◎二〇一六年一月初版
　　　　　二〇一六年七月初版五十刷
定　　價◎260元

總 經 銷◎楨德圖書事業有限公司
地　　址◎新北市新店區寶興路45巷6弄6號5樓
電　　話◎02-8919-3186
傳　　真◎02-8914-5524
香港總代理◎一代匯集
地　　址◎九龍旺角塘尾道64號 龍駒企業大廈10 B&D室
電　　話◎852-2783-8102
傳　　真◎852-2396-0050

版權所有・翻印必究
本書如有缺頁破損，敬請寄回更換，謝謝。
ISBN 978-986-5607-09-8

SHINPAIGOTO NO 9WARIWA OKORANAI by Shunmyou Masuno
Copyright © 2013 Shunmyo Masuno
All rights reserved.
Original Japanese edition published by Mikasa-Shobo Publishers Co., Ltd.
Traditional Chinese translation copyright © 2016 by Spring International Publishers Co., Ltd
This Traditional Chinese edition published by arrangement with Mikasa-Shobo Publishers Co., Ltd., Tokyo, through HonnoKizuna, Inc., Tokyo, and Future View Technology Ltd.